U0518204

新二元经济

新经济繁荣与传统经济再造

周春生 ◎ 主著
汪祉良 ◎ 参著

中信出版集团 | 北京

图书在版编目（CIP）数据

新二元经济：新经济繁荣与传统经济再造 / 周春生
主著；汪祉良参著 . -- 北京：中信出版社 , 2022.3
ISBN 978-7-5217-3629-8

Ⅰ . ①新… Ⅱ . ①周… ②汪… Ⅲ . ①新经济－研究
Ⅳ . ① F06

中国版本图书馆 CIP 数据核字（2021）第 194706 号

新二元经济：新经济繁荣与传统经济再造
著者： 周春生 汪祉良
出版发行：中信出版集团股份有限公司
　　　（北京市朝阳区惠新东街甲 4 号富盛大厦 2 座 邮编 100029）
承印者： 宝蕾元仁浩（天津）印刷有限公司

开本：880mm×1230mm 1/32 印张：9 字数：180 千字
版次：2022 年 3 月第 1 版 印次：2022 年 3 月第 1 次印刷
书号：ISBN 978–7–5217–3629–8
定价：59.00 元

目 录

......●

推荐序
新二元经济：经济发展的新思维

新的经济现象、经济模式需要新的经济理论加以诠释和总结。春生教授这些年来，一直在新经济研究方面耕耘开拓，取得了丰硕的原创成果，可喜可贺。2020 年夏天，本人曾应邀为春生的新作《无限供给：数字时代的新经济》作序。非常高兴地看到，仅仅过了一年多的时光，春生教授的又一创新力作《新二元经济：新经济繁荣与传统经济再造》面世。作为春生教授的同事，我在为春生教授所取得的研究成果感到高兴的同时，再次应邀欣然作序。

经济学界一般将诺贝尔经济学奖获得者刘易斯视为二元经济理论的开山鼻祖。该理论构建了一个两部门结构发展模型，用于描述发展中国家劳动生产率相差悬殊的落后农业部门和现代工业部门并存状况下的经济增长。该理论在中国颇受重视，因为它较好地解释了中国改革开放前 30 年的经济发展情况。

经过改革开放以来多年的高速经济增长，刘易斯描述的二元经济结构已经基本不再适用于当下中国的国情。以信息化和智能化为代表的新兴经济正在中国蓬勃发展，而且成为全球经济增长的新引擎。按照春生教授在《无限供给：数字时代的新经济》一书中提出的创新理论，新经济领域大量信息产品、数字产品存在无限供给的特征，边际成本接近于 0，而传统经济领域的物理产品大多具有边际成本递增的特征。两个边际成本差异悬殊的经济领域并存，并相互影响，构成了一个崭新的二元经济体系，即春生等人所说的新二元经济。

新二元经济不是传统（刘易斯）二元经济的简单升级，而是经济发展方式脱胎换骨的革命性转变。传统二元经济本质上讲是一种非均衡经济，而新二元经济是均衡经济。新二元经济中两大部门的差异不在于劳动力的边际效率，而在于产品的边际成本。

《新二元经济：新经济繁荣与传统经济再造》一书尝试建立一个崭新的理论体系来更加科学地分析数字经济时代的经济增长、经济结构转变和经济动能转换的内在规律。全书详细讨论了新经济部门和传统经济部门（书中称为无限部门和有限部门）之间的相互影响，劳动力和资本在不同部门之间的迁移，以及数据、技术、创意等知识资本的积累等相关话题，同时对新二元经济的增长机制进行了专门探讨。鉴于新二元经济时代有限部门和无限部门既相互竞争，又高度融合的特点，本书也对传统企业转型升级和数字化进行了讨论。

中国经济正处在转型升级的重要时期，新经济在蓬勃发展，传统产业也在不断进行数字化转型再造。春生新著的出版可谓恰逢其时。这本具有重要原创思想的新著，对于帮助我们理解中国乃至世界经济发展新趋势，把握新经济特点，以及帮助传统企业转型升级，均有重要参考意义。

王一江

长江商学院学术副院长，经济学教授

2021 年 11 月

自　序

2020 年 9 月，拙作《无限供给：数字时代的新经济》有幸由中信出版集团出版发行。图书出版以来，承蒙读者厚爱，给予我许多鼓励。借此机会，我谨向各位热心的读者致以衷心的感谢。

2020 年 5 月《无限供给：数字时代的新经济》一书交稿之后，我一直在思考一个重要的相关问题：新的数字经济时代，无限供给产品和无限供给要素的重要性固然在不断提高，但有限供给产品和有限供给要素依旧不可或缺。新经济时代，必定是有限经济和无限经济共存的时代。有限经济和无限经济究竟如何相互作用、相互影响？新的经济时代，生产要素和经济资源的配置会发生哪些变化？经济增长又有何特点？

发展经济学理论把落后的农业部门与现代工业部门并存的经济称为二元经济。当然，这里的二元概念不仅指存在两个部门，还指两个部门之间存在巨大差异。比如说，刘易斯著名的二元经济模型就假设农业部门的生产率远低于工业部门。在数字经济时代，有限供给传统经济部门与现代数字经济部门（无限供给新经济部门）同样存在巨大差异。有限供给传统经济部门产品的供给与产量是有限的，而现代数字经济部门的产品则一般可以实现无限供给。两个部门的生产函数以及增长方式同样存在巨大差异。我们将数字时代的无限要素和有限要素并存、无限产品部门和有限产品部门共荣的经济称为新二元经济。

本人在汪祉良先生的协助下，工作之余夜以继日地思考并奋笔疾书，经过一年多终于完成了眼前的这部《新二元经济：新经济繁荣与传统经济再造》。本书可以视作《无限供给：数字时代的新经济》的姊妹篇。在前书讨论的无限供给理论的基础上，本书进一步阐述了无限供给新经济部门和有限供给传统经济部门的互动和相互影响，同时分析了新二元经济时代生产要素的流动、产业结构和经济结构的转变，以及经济增长的新规律。

本书结合中外历史数据和新的经济理论，对各主要经济体的发展状况进行了比较和理论解释，对中国新二元经济发展和中国经济结构变化升级进行了细致讨论。新二元经济理论能够较好地解释各国经济发展现状。我认为，新时代的数字经济和经济的新二元结构有许多有别于传统经济的重要特点，这些特点无法通过传统经济理论进行有效分析和解释。构建一套崭新的新二元经济理论既恰逢其时，也势在必行。

刘易斯等发展经济学家描述的传统二元经济只是部分国家经历的阶段性现象，新二元经济却会在世界各国长期存在。无限供给新经济部门不断发展壮大是大势所趋。这种发展趋势，既会对有限经济的运营方式和运营效率产生积极影响（赋能），也可能对有限经济产生替代和竞争，影响部分传统有限行业的生存空间，如电商与线下商场竞争，网络媒体逐步代替纸媒等。

从宏观层面来讲，无限经济的发展在方便民众生活的同时，也可能给就业、税收以及传统社会秩序带来不小的冲击。正确认识新二元经济发展的规律、意义和挑战，对于政界、学界、企业界来说，都是一个重要而严肃的话题。将无限经济和数字经济视为解决一切经济问题的灵丹妙药未免有些冒进；将传统有限经济视为实体经济，而将现代无限经济视为虚拟经济，并将后者视为前者的对立面或无关紧要的补充的观点也不可取。社会各界需要理性看待新二元经济发展所带来的积极的经济效益和社会效益，以及伴随而来的负面影响，需要对新经济发展兴利除弊、正确引导，同时也要防范将无限供给经济带来的冲击效果放大，采取严苛地限制、打击无限供给经济的做法。

本书不仅着眼于理论创新与探索，也非常注意密切联系新经济发展和中国经济的转型现实。本书希望结合已经出版的《无限供给：数字时代的新经济》，构建一个基本的理论框架，以便更加有效地分析新时代经济发展的新现象，解释新时代经济发展的新问题，并指导企业适应新经济变化的大势，更加有效地进行数字化转型升级。基于这一考虑，本书专门在相关章节讨论了中国经济发展新旧动能的转换以及传统企业的数字化转型。

本书由我策划与主笔，我撰写了本书第二至九章的全部内容，并负责对全书进行审核与定稿。汪祉良先生撰写了本书第一章，同时对全书进行了文字校对。

本书是对新二元经济理论研究的一个初步尝试，许多问题有待进行更加深入的思考和探索，书中新提出的理论模型也有待完善和补充，使其更加严谨，书中难免有不足和错漏之处，还望读者不吝指正。

最后，希望本书能抛砖引玉，引起学界和对经济学感兴趣的大学生群体对无限供给和新二元经济学的更多关注，从而进行更深入的研究。同时希望本书能够帮助政府机构、企业家、企业管理人员、有志投身新经济领域的大学生和创业者更好地了解新经济运营规律，更好地在智能经济和数字经济等新兴领域大展宏图。

周春生

2021 年 8 月 5 日于北京

第一章

传统二元经济理论与中国二元经济结构变迁

为了让读者更好地理解二元经济概念和当下如火如荼发展的新二元经济，本章简要解释传统二元经济的主要理论以及中国传统二元经济发展的历程。已经对传统二元经济比较了解的读者可以忽略本章的相关内容。

传统二元经济理论

传统二元经济指的是传统农业部门和现代工业部门并存，并且两部门之间的生产效率存在巨大差异的现象。传统二元经济理论是发展经济学的重要组成部分，其中以刘易斯的二元经济模型最为著名。在刘易斯的二元经济模型中，农村存在大量边际劳动生产率为 0 的剩余劳动力，他们在能维持城市基本生活水平的工资下，大量向城市工业部门转移，促进一国工业发展和经济增长。

经过漫长的农业社会之后，随着生产力的进步和社会分工的细化，资本主义经济诞生。生产单位开始以追求利润为目标，为此雇用劳动力并投入资本；市场按照竞争下的商品供求关系配置资源，这反过来又能促进生产力的进步和社会分工的细化。简单来说，近几百年来世界经济发展的历史就是一部社会分工不断细化（复杂化）、科学技术不断进步、生产效率不断提高、产业结构不断调整、贸易往来日益密切、市场不断开拓的历史。

在从传统农业经济向现代资本主义经济发展的历史进程中，传统农业部门（刘易斯称其为维持生计部门）和现代工业部门（刘易斯称其为现代资本主义部门）并存，而且两部门之间的生产效率存在巨大差异，是许多资本主义起步较晚的国家都曾经历过的普遍现象。这样的两种差异显著的经济部门共存的现象就是"二元经济"，这一概念最早由荷兰经济学家 J. H. 伯克提出，并用来描述当时荷兰在印度尼西亚的殖民地经济：传统农业部门和现代化的荷兰殖民者所经营的现代工业部门并存。伯克提出，在传统农业经济体制下，人们的需求非常有限，从事生产主要是为了满足个人直接的生活需要，对价格、货币刺激的反应也完全不同于现代工业部门。

20世纪初，传统农村与现代城市、现代工业部门和落后农业部门并存的二元经济结构广泛存在于发展中国家。但这种二元经济并不太适用于西方发达国家，所以在一段时间内并未被西方主流经济学深入研究。

直到1954年刘易斯发表《劳动无限供给条件下的经济发展》，首次系统提出了基于发展中国家经济特征的二元经济模型：在一定的条件下，发展中国家的传统农业部门存在大量剩余劳动力，劳动力的边际劳动生产率为0（甚至为负数），劳动者在最低工资水平上提供劳动。当然，城市工业部门的工资比农业部门稍高一点，并假定这一工资水平不变。两部门生产效率与工资的差异，诱使农业剩余劳动力向城市工业部门转移。经济增长的关键是资本剩余即利润的积累和使用，当它们被资本家用来投资，现代工业部门的资本量就增加了，从农业部门吸收的剩余劳动力就更多了。当农村剩余劳动力因全部被吸收而消失，农村劳动力的边际劳动生产率也会基本提高到与工业部门一致，这时经济中的二元结构就消失了。

刘易斯二元经济学的研究目标，是解释劳动力过剩国家的经济增长路径。因为发展中国家的经济状态接近发达国家工业化的早期水平，所以刘易斯采用了古典经济学框架。

模型的核心假设是劳动力存在无限供给。当然，刘易斯的无限供给假设并不是说劳动力的绝对数量无穷多，而是说，在现有现代工业部门的工资水平下，现代工业部门面临的劳动力供给远多于其所需求的。传统农业部门存在大量剩余劳动力，使得整个经济体的劳动力供给对工资的弹性极大。因此，现代工业部门如果要扩大规模，总是可以在现有工资水平下雇用到足够多的劳动力，劳动力资源不会成为经济增长的限制条件。这里的劳动力是指非熟练、非高技术含量的工人，他们无须培训或经过简单培训就可以胜任工作，不包括需要经过大量时间进行教育培训的劳动力，比如科学家、熟练技工等，因为这些稀缺的人力资本，可能成为经济增长的限制条件。劳动力无限供给这一假设适用于传统农业部门占比大、人口众多的发展中国家，如印度、越南和非洲的一些人口高速增长的发展中国家。但不适用于日本、西北欧洲各国、北美国家等相对劳动力资本不多的发达国家。因此刘易斯的二元经济理论主要适用于发展中国家，也可以解释很多发展中国家资本积累和经济增长的过程。

刘易斯将整个经济系统分成现代资本主义部门和维持生计部门，现代资本主义部门的代表是现代化工业，维持生计部门的代表是传统农业。两个部门的核心区别在于，可再生性的资本是否参与了劳动生产。

现代工业部门的劳动力借助可再生性的资本进行生产，资本所有者因为资本的使用获得报酬。这些资本主要表现为机器设备、厂房等。从生产效率的角度看，现代工业部门劳动力的边际劳动生产率因为资本的助力明显比传统农业部门高得多。机器可以让劳动力的效率产生质的飞跃，而传统农业部门则无法生产和提供高技术产品或服务。从所有权角度看，资本为私人或国家所有，资本的所有者为了从资本中获得利润要雇用劳动力，从而使用资本进行生产。

在传统农业部门里，劳动力不借助可再生性的资本劳动，工资水平是刚好能维持生活的最低水平；劳动力相对资源和资本明显过剩，造成边际劳动生产率很低或为 0，同时存在较多隐性失业者。例如，一个从事传统农业生产的家庭有五个劳动力，减少两个劳动力后，三个劳动力的产量与之前是相同的，那么这两个劳动力的边际劳动生产率为 0，实际上处于潜在失业状态。但如果他们的耕地也减少了 2/5，那么产量就会显著下降。劳动力相对于耕地是过剩的，对产量形成约束的是耕地资源。

总之，这两个部门的本质区别在于资本在生产中的使用程度，而不在于区分农业和工业。所以现代工业部门不仅包括现代工业，而且包括大规模使用机械和高科技的现代化农业、购物广场等。传统农业部门包括临时性职业，如小摊贩、码头力工、临时保安等。传统农业部门也是剩余劳动力的主要来源。

维持生计部门劳动力的需求曲线也就是劳动力的边际劳动生产率。当维持生计部门已经有很多劳动力就业时，部门劳动力的边际劳动生产率几乎是 0，所以劳动力需求曲线的右侧部分几乎接近于 0。从供给方面看，在劳动力无限供给的假设下，供给的弹性为无穷，所以劳动力的供给曲线是一条水平的横线；工资水平等于维持生活的最低水平，这是因为只要工资达到维持生活的水平，劳动力就会开始供给并且是可再生的供给，需求方不必支付更高的工资。但如果工资为 0，从业者无法正常生活，劳动力也就无法再生，也没动力供给劳动，所以 0 工资是不现实的。最终，供给和需求曲线相交于 P 点，工资仅够维持生活的最低水平，被雇用的劳动力少于劳动力的总供给，也就是存在大量的实际失业。由于该部门的边际劳动生产率接近于 0，所以该部门的工资高于边际劳动生产率，具体如图 1.1 所示。

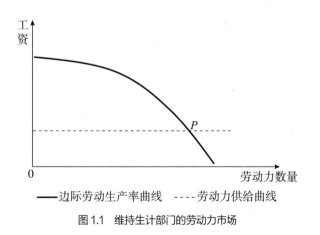

图 1.1 维持生计部门的劳动力市场

举例来说，在一个人多地少的封闭的传统农业经济里，假设当前的土地等自然资源只需要八成劳动力就能达到最大产量，剩余的两成人口即使加入生产队伍，也不能提高产量。因为人口过多，竞争压力加大，只要工资能维持温饱，人们就会去劳动，所以土地所有者把劳动报酬定在仅够维持温饱的水平，就能雇用到足够多的劳动力，但如果工资再低就没人愿意劳动了。这一道德准则是不劳而获，是可耻的，所有人都得参加劳动，所有人都拿着维持温饱的工资。然而，总会有一些人（不超过两成）发现自己即使没怎么干活也不会使总产量减少，而且工资水平与认真干活的人相同。时间久了，所有人都会发现这一现象。但因为干活少的人通常是自己的亲人，所以辛勤干活的人并不会太在意工资中的"不公平"。在传统农业经济里，干活少的多数为体力较弱的人，最终他们的家庭可能不需要他们干农活，毕竟这并不会影响总收入。

现代工业部门的劳动力需求曲线也是劳动力的边际劳动生产率，体现了资本所有者对利润最大化的追求（没有在维持生计部门里提携亲人的考虑）。但现代工业部门劳动力的供给是由维持生计部门的劳动力市场决定的，这也是刘易斯二元经济论的主要特征。首先，根据假设，在现有现代工业部门的工资水平下，传统农业部门存在的大量剩余劳动力去现代工业部门应聘，使得整个现代工业部门的劳动力供给对工资的弹性是无穷大的，所以现代工业部门的劳动力供给曲线也是一条水平的线。

现代工业部门的工资水平通常比传统农业部门的工资水平

高一些，刘易斯指出，这是因为城市生活成本高，对农村劳动力背井离乡的心理补偿，工人生产力水平提高以及工会的垄断力量。当供需曲线相交时，劳动力市场达到均衡，所以现代工业部门的工资等于其劳动力的边际劳动生产率。传统农业部门的工资水平是现代工业部门工资的下限，如图 1.2 所示。

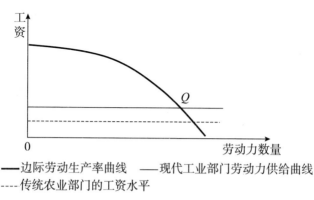

图1.2　现代工业部门的劳动力市场

继续之前的例子，在一个人多地少的农村里，一些人发现去城市里的工厂打工能获得更高的工资。最后家庭会议决定，在不影响农产品产出的前提下，让一些人出去打工。假设这些打工者是理性的，他们会对比工厂工资和农村的生活水平。假设他们在农村不工作，家人或集体也给他们发放维持基本生活的工资，而背井离乡打工将导致生活习惯被迫改变，所以他们期待工厂给出的工资，高于仅能维持在外地正常生活的水平。如果没有这种心理补偿，他们就没有背井离乡的动机。如果工厂的工资足够高，就会吸引所有的隐性失业者去工厂打工。根据模型假设，隐性失业者的数量极其庞大，他们要竞争工厂提供的少量岗位。因此在工厂扩大产能或者新工厂开工时，总能按照某个不变的实际工资雇用到足够的人。

现代工业部门和维持生计部门的互动，主要表现在后者深刻影响了前者的劳动力工资和供给，两个部门工资和劳动力禀赋的差异产生了劳动力市场的二元性。在刘易斯的模型里，传统农业部门的大量过剩劳动力进入现代工业部门，使得现代工业部门的劳动力总能在现有的工资水平下供过于求，所以现代工业部门的劳动力市场供给，是由传统农业部门的劳动力供给决定的。

刘易斯指出，经济增长的中心问题是储蓄率占国民收入比例的显著提高。经济增长靠资本积累，资本积累靠投资，投资靠储蓄，储蓄来源于利润或资本家剩余。刘易斯认为，储蓄主要来源于资本家，而不是工人、农民或地主（资本家），因为工人和农民的工资除去维持正常生活的开支，能储蓄的部分很少；资本家的收入主要用于消费，所以刘易斯把经济增长问题归结为资本家剩余或利润积累问题。经济增长主要由资本的增加驱动。资本不仅可以靠利润积累，还可以靠纯货币供给。

资本家有扩大资本积累的冲动，所以资本家的剩余或利润主要被用于扩大资本，资本的扩大将需要招募更多劳动力，使得现代工业部门规模扩大。因为假设现代工业部门的实际工资不变，那么资本家的剩余将不断增加，占国民收入的比例也在不断增加。资本家的剩余再用来扩大资本，从传统农业部门雇用更多的剩余劳动力，同时现代工业部门不断扩大。以上过程反复循环，直到传统农业部门的剩余劳动力消失为止。此时劳动力无限供给的假设不再成立，劳动力生产要素是稀缺的，劳动力供给曲线变得倾斜向上，工资随雇用劳动力数量的增加而增加。劳动力市场是统一的，两个部门之间竞争劳动力，工资、劳动力的边际劳动生产率超过了维持生活的水平，农业和工业的边际劳动生产率趋于相同，二元经济变为一元经济。

资本扩大让使用同样数量的劳动力的资本提高了，所以劳动力的边际劳动生产率也提高了，边际劳动生产率曲线随着资本扩张而变化。相同工资条件下，劳动力需求增加，即劳动力需求曲线（边际劳动生产率曲线）向右平移（见图 1.3）。

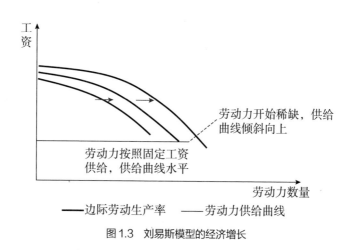

图 1.3 刘易斯模型的经济增长

刘易斯模型的一个重要缺陷是其忽略了农业的现代化过程，过于简化农业发展对经济的影响。为弥补这一缺陷，1961年，美国经济学家古斯塔夫·拉尼斯和费景汉在《经济发展的一种理论》一文中提出费景汉—拉尼斯模型。这个模型沿用了刘易斯模型的假设和思路，也假设在经济发展初期，农业部门劳动力的供给有无限弹性，并且将工资水平固定为仅能维持基本生活的平均工资水平，称其为制度性工资。经济发展的过程也是农村劳动力向工业部门转移的过程。不同之处在于，费景汉—拉尼斯模型还重点关注了农村边际劳动生产率的作用，阐释了农业部门发展对工业发展的影响。在农村过剩劳动力向工业部门转移的过程中，农村劳动力的减少引发了边际劳动生产率的提高，从0（甚至为负）提高到大于0，再逐渐提高到制度性工资以上。在这个过程中，生产技术、工资水平、工业部门的贸易条件也在变化，因此劳动力在农业和工业部门中的配置也在变化。总之，农业部门的发展影响劳动力市场，也影响工业部门的发展。

费景汉—拉尼斯模型将经济发展过程和农业劳动力向城市转移的过程划分为三个阶段。

在第一阶段里，农业边际劳动生产率为0。这是工业化初始阶段，与刘易斯模型的情况类似，农村存在大量剩余劳动力。在边际劳动生产率为0的假设下，剩余劳动力被转移到工业部门，且不减少农产品产量。劳动力可以按照固定的制度工资被工业部门雇用，此时工业部门的劳动力供给曲线是一条水平的直线。

在第二阶段里，农业边际劳动生产率为正，但仍低于固定的制度工资。农村依然存在隐性失业，隐性失业者被定义为边际劳动生产率低于制度工资的劳动力。这一阶段的核心特征是，边际劳动生产率为正的劳动力离开农业部门，减少了农产品的总量供给，在需求不变的情况下将导致农产品价格上涨。如果维持工业部门劳动力生活水平不变，工资水平也将随之提高。工业部门的贸易条件变差，劳动力向工业部门转移的速度将放缓。此时劳动力供给不再具有无限弹性，劳动力供给曲线是向上倾斜的。

在第三阶段里，农业劳动力的边际劳动生产率会提高到制度工资水平以上。随着隐性失业者不断从农业部门流动到工业部门，农业劳动力的边际劳动生产率会提高到制度工资水平以上，农业部门的隐性失业者消失。第三阶段的特征是，两个部门的边际劳动生产率（劳动需求曲线）都高于制度工资，劳动供求决定实际工资，而不再是制度决定工资。工业部门如果要雇用更多劳动力就得提高工资，只有工业部门工资高于农业部门才能吸引劳动力从农业部门转移到工业部门。二元经济结构消失，劳动力要素在一个统一的市场内配置，工资无论在工业部门还是在农业部门都是由边际产品价值决定的，劳动力不再单向地从农业部门流入工业部门，农业进入商业化阶段。

刘易斯模型、费景汉—拉尼斯模型都采用了古典发展理论的研究方法。二者的核心假设是在农村存在大量剩余劳动力的同时，城市不存在失业，认为工资在一段时间内不因农业生产率的提高而增长，只由农业部门平均产出决定，但这不符合很多发展中国家的情况。另外，刘易斯模型、费景汉—拉尼斯模型认为劳动力转移的原因是工业部门和农业部门的工资存在差异，并没有进行深层次的分析。

1967 年，戴尔·乔根森发表《过剩农业劳动力和两重经济发展》一文，将新古典主义研究方法运用到二元经济研究中，创建了乔根森模型。该模型基于农业剩余与人口增长、农业剩余和工业扩大两方面，分析农村劳动力向工业部门转移的过程，以及二元经济结构。农业剩余被定义为农产品总产量减去农业部门消费的农产品数量。

在模型假设方面，乔根森认为，劳动力的配置是完全市场化的，工资不是固定不变的制度工资，而是由边际劳动生产率市场化决定的，劳动力供给曲线是向上倾斜的。这意味着，乔根森模型否认了农村劳动力的边际劳动生产率为 0 或低于实际工资的假设，也就是否认农村存在大量剩余劳动力，工资固定在维持基本生活水平的假设，所以劳动力供给弹性不再是无穷的。这是乔根森模型与刘易斯模型、费景汉—拉尼斯模型的关键区别。

在乔根森模型中，农村劳动力开始向工业部门转移的动力是农业剩余，而不是农村存在大量剩余劳动力，农业剩余取决于农业生产与人口增长的关系。乔根森模型重点关注了技术进步率 α、人口增长率 η 和产出关于劳动的弹性 β，基于农业部门的柯布—道格拉斯生产函数进行数学推导，得出如下结论：农业剩余产生和不断增长的充分必要条件是人均农产品能实现正增长：$\alpha-\beta>0$。或者说，农业剩余的产生条件是人均农产品增速超过最大人口增长率。人口增长率 η 会随着人均农产品数量的增长而增长，但它有生理性的天花板，即最大人口增长率。但人均农产品增速没有这样的天花板，可以随技术的进步等因素不断增长，当超过最大人口增长率时，农业剩余就产生了。如果农产品增速总是慢于人口增速，那么农产品的增量将被人口增长所抵消，经济将陷入低水平的均衡陷阱。人均农产品增长的驱动力是技术进步和资本积累。

农业剩余是工业部门产生并雇用到充足的劳动力的必要条件。农业剩余使劳动力离开农业部门进入工业部门成为可能。如果没有农业剩余，劳动力将继续从事农业生产。同时，农业剩余增长得越快，规模越大，劳动力向工业部门转移的速度就越快，工业部门才能不断扩大。乔根森模型假设工业部门的生产函数取决于资本存量、工业劳动力和技术进步率，工业劳动力的增长取决于农业剩余的增速，资本存量也依赖农业剩余。总之，持续稳定的农业剩余是工业持续增长的保障。农业剩余增长也取决于技术进步，因此乔根森模型突出了技术进步在经济发展中的关键作用。

乔根森模型的推导表明，工资增长率取决于技术进步和资本存量。乔根森模型假设技术是不断进步的，规模报酬不变，工资和资本剩余的比率固定，资本存量和技术进步令工业部门的工资和资本剩余（利润）都呈现出不断上升的态势。农业部门工资和工业部门工资存在固定的差。

乔根森模型还分析了劳动力向工业部门转移的根本原因。消费结构的属性是经济结构发展变化的根本原因：工业品消费需求有不断扩大的倾向，农产品消费却受到人口增长的限制。一个人对食物的需求有明显的上限，因此农业的市场规模增长受制于人口增长。但一个人在食物以外的需求似乎没有上限，因而对种类繁多的工业品的需求也没有天花板。故农业部门的发展有上限，而工业部门的发展可以不断扩大。

改革开放前中国的二元经济

在鸦片战争以前，中国经济整体上是一元的，由自给自足的自然经济组成。鸦片战争以后，中国形成了一定规模的以城市为中心的资本主义工商业，城乡差距、工业和农业的差距不断扩大。从1949年到改革开放初期，中国经济呈现显著的工农业二元经济结构，农业生产力落后，生产效率低下，农业生产发展速度缓慢。

在鸦片战争以前中国经济整体上是一元的，由自给自足的自然经济组成。这种自然经济以家庭或家族等为生产单位，以农业为主（少部分地区以畜牧业为主）家庭手工业为辅，分工基本是男耕女织，而非社会化、专业化的。在自然经济的主导下，生产者主要将产品用于自己的消费，有剩余的产品才会去交换，商品经济规模小。

鸦片战争以后，中国开始沦为半殖民地半封建社会。从经济角度看，西方资本主义经济逐渐进入中国，催生了近代中国独特的城乡二元经济体系。资本主义列强为了自身利益，在中国兴建道路交通等基础设施并修建工厂，开发和掠夺中国的资源，这也在客观上推动了晚清时期中国工业和商贸业的发展。洋务运动以后，中国民族工商业得到了一定程度的发展。中国由此形成了具有一定规模的以城市为中心的资本主义工商业。城乡差距、工业和农业的差距不断扩大。

1949 年中华人民共和国成立以后，由于饱受帝国主义长期掠夺和长时间战争创伤的影响，中国经济积贫积弱。为了尽快恢复经济，以应对当时复杂的国际局势，我国把发展工业，特别是重工业作为国家经济发展的战略重点，并采取严格的户籍限制措施控制农村人口的流动。传统农业部门和现代工业部门的生产力水平、城乡单位劳动力收入水平一直存在巨大差异。从1949年到改革开放前，中国的农业和工业的二元差异总体是扩大的。

1949年，我国的工业规模小、技术弱、轻重工业结构失衡，重工业基础非常薄弱。工农业总产值466亿元，其中工业总产值仅140亿元，占工农业总产值的30%；现代工业产值只占工农业总产值的17%，几乎没有重工业。但发展工业需要巨额资金和大量科技人才，当时的中国虽然仅有苏联的低息贷款，无法获得资本主义国家的大规模贷款，所以自力更生地加快资本积累是必然而紧迫的。在有限的资源的约束下，我国被迫实施农业为工业提供廉价原材料和资本的政策。

第一，降低农产品相对于工业品的价格。这一工农部门的贸易"剪刀差"实际上是将农业部门的利润转移到工业部门，为工业发展积累资本。为了确保"剪刀差"贸易的实施，我国实行了人民公社制度和统购统销政策。人民公社制度就是将农村的生产资料和产出成果归集体所有和支配，公社和生产队支配了农产品的生产和贸易，这就缓解了农民对政府低价采购的抵触。统购统销就是政府按照指标和指导价，对产品进行统一收购和分配，这样就减少了农产品价格上涨的情况，维持农产品相对于工业品的低价，以此显著降低我国工业部门的原材料成本，加速了资本积累的进度。改革开放以前我国实行的是计划经济体制，工农业产品供求和资源配置的基本政策是由政府制定的。

第二，限制农村劳动力迁入城市，严格施行城乡户籍管理制度。在 20 世纪 50 年代我国优先发展重工业的大背景下，随着城乡居民收入和社会福利水平差距不断拉大，农民具有强烈的迁入城市的意愿。但当时中国重工业作为资本密集型产业吸纳的劳动力较少，而且工业规模不大，无法提供大量就业岗位，不可能承接大量农村劳动力的转移。出于对社会稳定和城市工商业就业能力有限的双重考虑，城乡户籍制度应运而生，其核心目标之一是限制农村人口大规模迁入城市，保证农业生产稳定地为工业输血。另外，为了缓解城市就业压力，保障农村生产的稳定性，中国还一度推行过城市知识青年上山下乡运动，把大批城市中的青年中学毕业生输送到农村从事农业生产。这一政策从 20 世纪 50 年代开始推行，并于 1968 年 12 月达到高潮，一直持续到 1978 年。

总的来说，从 1949 年到改革开放初期，中国经济呈现显著的工农业二元经济结构。农业生产力落后，生产效率低下，生产发展速度缓慢。农村作为劳动力的"蓄水池"，吸纳了中国约 80% 的人口。由于城市工业就业岗位有限，加上计划体制方面的原因，农村劳动力并没有如刘易斯模型所描述的那样，成规模地从农业部门向工业部门转移，也没有出现由人口流动推动的经济快速增长。

改革开放初期的中国二元经济

改革开放初期，中国二元经济结构矛盾依然非常突出。为了搞活经济，调动各方生产积极性，1978年中国的对内改革——农民家庭联产承包责任制拉开了序幕。初期的改革提高了农村生产力，在一定程度上缓解了城乡二元经济强度，但城乡差距依旧巨大。

1978年，我国政治环境恢复稳定，与以美国为首的诸多市场化国家关系改善，经济领域百废待兴。应运而生的改革开放是中国共产党领导人民解放和发展生产力的伟大革命，也是一项涉及经济、政治、社会、文化诸多层面的复杂的系统工程。

1978年12月，中国共产党第十一届中央委员会第三次全体会议胜利召开。会议决定，为发展经济，加快社会主义现代化建设，中国开始实行对内改革、对外开放的政策。中国的对内改革先从农村开始，1978年11月，安徽省凤阳县小岗村开始实行"分田包干到户，自负盈亏"的家庭联产承包责任制，拉开了中国对内改革的大幕。在城市，国有企业的自主经营权得到了明显改善。我们将1978—1992年称为改革开放的初期。这段时期中国依旧以计划经济体制为主导，而1992年以后，中国逐步建立了社会主义市场经济体制。总体上来看，改革开放初期，中国城乡的二元经济在波动中得到了一定改善。

1978年，我国城乡二元经济分化严重，城乡差距与工农差距进一步拉大，农村有大量剩余劳动力，单位边际劳动生产率非常低。政策和经济体制因素是造成改革开放前城乡二元经济分化的主要原因，但这些因素的变革也是改革开放后二元经济改善的核心动力。实际上，城乡之间在政策和经济体制改革强度方面的差异，是影响改革开放初期二元经济强度[①]波动的主要因素。

1978—1984年，改革开放的重心在农村，城市国有企业的改革速度缓慢。农村生产力的相对提高一定程度上削弱了城乡二元经济强度。农村改革的核心是逐渐推行土地集体所有制下的家庭联产承包责任制。家庭联产承包责任制就是家庭承包集体所有的土地等生产资料来自主经营，在完成国家的生产任务后，自主分配剩余的劳动成果。这是生产激励方式的重大改

---

① 二元经济强度反映的是工业和农业、城市和乡村生产力水平的差距。强度越大，说明两部门的差距越悬殊，二元经济结构越突出。

进，极大地解放了生产力，农民生产的积极性被调动起来，农村劳动生产率飞速提高。过去在人民公社制度下，农民没有生产经营和分配的自主权，无论干多干少，收入几乎是不变的，甚至干得多可能过失也多。从激励的角度来看，农民的劳动边际回报并未显著高于边际付出，所以长期以来，农民的最优劳动力投入量在逐渐降低，这造成了农村集体产出的下降，农民的温饱经常成问题。人越是饥饿越是体力不足，此时劳动的边际付出越来越大，直到超过边际回报，每个人的最优选择就是节省体力，完成规定的最低工作量，形成了产量低的恶性循环。另外，农村轻工业凭借本地丰富的廉价劳动力得到快速发展；国家对农村过剩劳动力流动的限制政策有所松动，农民向城市工业部门转移的规模逐步扩大。1978—1984年，农业增加值占 GDP（国内生产总值）的比重从 28.1% 上升到 32%；农村居民人均纯收入年均增长率达到 16.5%，同期城市居民人均收入的增长率仅仅为 7.9%。

1984年，中国国有企业体制改革拉开序幕，改革开放的重心由农村转移到城市。一是优化国有企业激励机制。政府向国有企业放权让利，提高企业管理层的经营自主权和经营效率。二是鼓励非公有制经济发展。个体工商户、民营企业和外资企业开始在轻工业部门和第三产业蓬勃发展。三是户籍制度、社会保障制度等改革减弱了对城乡劳动力流动的限制。农村剩余劳动力大量涌入城镇非农部门，为其提供了大量廉价劳动力。另外，中国政府和外资对城市企业和基础设施的投资力度加大，也促进了城市的经济发展。

1984—1992 年，尽管城市经济体制改革推动城市经济开启了高速增长，但农村经济发展却面临着改革红利的消退。从供给的角度看，20 世纪 80 年代中期，家庭联产承包责任制解决了农民生产积极性的问题，却不能解决生产技术、资本等农业现代化问题，农村产出经过改革前几年的高速增长后，增长势头开始放缓。乡镇企业也开始面临与城市企业同台竞争的局面，原来的体制优势被城市经济改革赶超，对农村剩余劳动力的吸纳能力降低。从需求的角度看，城市经济的腾飞提高了城市居民收入，城市被压抑的巨大消费潜力开始释放，城市企业相对农村企业无疑有接近市场和交易便利的优势。综上，这一时期农村经济发展速度相对放缓，城乡二元经济差距进一步拉大。

中国市场经济改革与二元经济结构的演变

1992 年，中国正式确立了建立社会主义市场经济体制的目标，民营经济得以快速发展。劳动力市场和户籍制度改革，促使大量农村剩余劳动力涌向城市工业和服务业部门。中国经济如刘易斯模型预测的那样，借助劳动力转移和各经济主体生产积极性的提高，进入了发展快车道，产业结构明显改善，城乡差别也逐步缩小。

1992年10月，中国共产党第十四次全国代表大会正式确立了建立社会主义市场经济体制的目标，自此我国经济的市场化改革进入快车道。在此之前，二元经济强度主要由政策决定，但此后其受市场因素的影响越来越大。1993年以后，在政策和市场的双重作用下，中国二元经济强度总体上呈现波动中减弱的态势。2003年以后，随着改革的深化，市场在资源配置中的作用逐步增强，二元经济强度有加速弱化的趋势。随着劳动力配置市场化程度的加强，在农业生产遭遇现代化要素瓶颈的情况下，农村劳动力进入城市非农部门务工成为二元经济强度减弱的主要因素。

中国共产党第十四次全国代表大会以后，中国劳动力市场化改革速度显著加快，户籍管理制度进一步松动，促进了农村剩余劳动力向城市和小城镇非农部门的转移。特别是农村劳动力进入小城镇，加快了小城镇经济的发展速度，推进了我国城镇化进程。与此同时，伴随中国社会主义市场经济制度的确立，民营企业迎来了前所未有的发展机遇。大量民营企业在城市和小城镇兴起，进入了民营企业发展的黄金时期。这些新兴的民营企业，起初以相对低端的制造业和服务业为主，需要招募大量工人。于是农民，特别是年青一代的农民，放下农具，到城镇寻求就业机会成为一种社会常态。这些从农村涌入城市的"新工人"当时还有专门的称呼——"打工者"或"进城务工人员"。

我们没能查找到 20 世纪 80 年代和 90 年代有关进城务工人员情况的详细统计数据。但一些相关资料从不同角度展现了中国改革开放以来，特别是 1992 年以后，农村人口迁移和就业状况的巨大改变。据《中国住户调查年鉴 2019》的数据，2012 年，中国进城务工人员总数达到了 2.63 亿。1952 年，农业增加值占 GDP 比重为 50.5%，农业吸纳了 83.5% 的就业人口；1982 年，中国农业从业人员占就业总人口比重依然高达 71.98%。从 1952 年至 1982 年，农业就业人口占比变化相对缓慢。改革开放后，随着户籍制度、就业制度的改革以及多种所有制成分经济的共同繁荣，中国的就业结构和产业构成发生了翻天覆地的变化。2018 年，第一、第二、第三产业增加值比重分别为 7.2%、40.7%、52.2%；就业比重分别为 26.1%、27.6%、46.3%，其中第三产业增加值比重和就业比重分别比 1952 年提高 23.5 和 37.2 个百分点。

由于人均土地有限，那些在改革开放初期原本被户籍制度禁锢在农业土地上的农村就业人口，生产效率极其低下。大量农业人口实际上是隐性失业者，边际劳动生产率几乎为 0，与刘易斯模型描绘的情况基本吻合。中国农村劳动力向城市以及工业部门的大量迁移，使得农村闲置的劳动力资源得到了较为有效的利用，这不仅大大提高了中国整体劳动生产率水平，同时也促进了中国工业制造业和城市服务业的发展，改善了中国的产业结构布局。与刘易斯模型的预测相似，在农业和工业二元经济结构下，农业劳动力向更具生产效率的工业部门转移，大大推动了中国经济的高速增长。

李平、王宏伟、张静在《改革开放 40 年中国科技体制改革和全要素生产率》一文中，测算了 1979—2015 年中国全要素生产率，包括：不考虑人力资本因素，以全社会就业人数作为劳动力投入，测算出的全要素生产率指数（tfp_wp）；考虑人力资本因素，以第二部分测算出的人力资本存量作为劳动力投入测算出的全要素生产率指数（tfp_hc）；考虑代表经济社会知识资本的 R&D（研究与发展）资本存量，测算包含 R&D 资本变动的全要素生产率指数（tfp_rd）。如图 1.4 所示。1993 年以前，我国处于经济体制和市场条件发生剧烈变化的时期：改革开放初期（1978—1984 年）的家庭联产承包责任制和国企放权让利等制度变革，使生产力得到极大解放，从而促进全要素生产率快速增长；1982—1984 年，全要素生产率升幅非常显著。随着改革的推进，制度上的深层次矛盾逐渐显现，我国全要素生产率指数快速下降；1990—1991 年，全要素生产率指数甚至跌为负数；1992 年，中共十四大确定市场经济体制改革的总体方针以后，中国全要素生产率出现了一波较大幅度的增长，其后全要素生产率指数（增长率）一直保持正值。

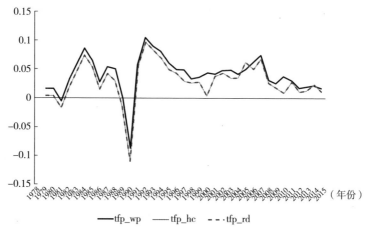

图 1.4 1979—2015 年中国全要素生产率指数

资料来源：李平、王宏伟、张静的《改革开放 40 年中国科技体制改革和全要素生产率》，2018。

　　当然，全要素生产率提升并不完全来源于劳动力从农业向工业、服务业的转移及其所带来的就业结构的变化，教育和科技的发展也功不可没。从另一个角度讲，劳动力的充分供给使得城市工业、服务业的大规模固定资产投资有了劳动力要素的保障。众所周知，在改革开放相当长的时间内，固定资产投资高速增长一直是中国经济高速增长的重要支撑。如果没有劳动力的充分供给，城镇固定资产投资不可能那么活跃，当然，也就难以出现长时间接近两位数的高速经济增长。

伴随劳动力从农村向城市的大规模流动，中国的城镇化率也在不断提高。2011年底，中国城镇常住人口占总人口的比例（城镇化率）突破50%，2020年底这一比例已超过60%。中国社会科学院农村发展研究所预计，到2025年中国城镇化率将达到65.5%，保守估计未来5年中国会有0.8亿农村人口进入城镇；而农业就业人员比重将下降到20%左右，并且会持续下降。农村劳动力的转移促进了城市现代经济部门的发展，有力弱化了二元经济结构。

中共十八大以来，我国在农业现代化、农村三次产业融合、农民人均收入增长等方面均取得了显著成效。在农业现代化方面，2005年以来，生产效率的提升是中国农业全要素生产率提升的主要驱动力。《中国农业产业发展报告2020》显示，2005—2018年，中国农业全要素生产率指数增长了32.72%，年均增长率为2.20%。其中，技术、规模和混合效率指数增长了28.82%，年均增幅为1.97%，是农业全要素生产率指数增长的主要因素。技术变化指数年均增长0.23%。

中国传统二元经济结构的终结

　　伴随农业就业人口不断减少和城镇化水平不断提高，中国依靠农村剩余劳动力向城市工业部门转移来谋求经济高速发展的刘易斯式的发展模式已告结束，"刘易斯拐点"已经出现。中国在 2004 年、2010 年出现过两次"用工荒"，2012 年"用工荒"出现的根本原因在于我国适龄劳动人口增量的快速下滑，这正式宣告建立在人口红利基础上的传统增长模式走向终结。

　　工业化、城镇化是发展中国家必然要经历的阶段，农村剩余劳动力向城市转移、农业人口比重下降是必然趋势。从根本上讲这是由人类消费、生产技术与效率的属性决定的。在需求方面，人类对农产品的需求受到生理条件的制约，毕竟每个人能消费的农产品数量存在上限，所以农产品消费量基本由人口决定。但人类对非农产业产品的需求天花板要高得多，而且工业和服务业产品的种类也有更大的创新空间，伴随人类科技水平、收入水平和生活水平的提高，人类需要越来越多新的工业和服务业产品来改善自己的生活。从供给角度看，工业的科学技术和生产效率的进步先于并快于农业；相比于农业，工业受到的生命繁衍、时间、地域等自然条件的限制小，生产周期短，资金周转率高。因此，当温饱问题解决后，工业及其衍生的服务业的增长潜力、资本积累速度就会远超农业，这是二元经济转换的根本原因。工业和服务业人均生产率和工资高于传统农业，是农村劳动力向城市转移的主要直接原因。

但是，农村原有劳动力再多，也是有限的，并非取之不尽、用之不竭。当农村劳动力向城市工业、服务业部门转移达到一定规模，城镇化达到一定水平，城乡生活水平差距缩小到一定程度，农村不能再向城市大规模输出劳动力时，依靠劳动力转移推动的经济增长模式，也就是刘易斯模式将无法持续。我们将此称为中国传统二元经济的终结。

这并不是说中国农村和城市生产力水平已经没有差异，目前农村人均生产率依然低于城市。此处的传统二元经济结构终结，是指中国经济不再依靠农村过剩劳动力向非农部门转移获得高速增长，是刘易斯模型层面的终结。另外，如果考虑到生活成本、生活习惯、乡土情结等经济、社会因素，农村已经没有非常充足的、具有足够意愿的劳动力向城市持续大规模转移了。

在刘易斯模型中，如果农村不再有丰富的闲置劳动力，农村剩余劳动力已经完全转移到现代工业部门，城乡劳动力市场开始一体化，那么城乡二元经济结构将会终结。刘易斯模型假设，一个发展中的经济体存在落后的传统农业部门和现代工业部门，且传统农业部门存在大量剩余劳动力。现代工业部门能以不变的、维持城市基本生活水平的最低工资，雇用农村剩余劳动力，并获得大量利润。现代工业部门利用利润积累资本、扩大规模，再吸引更多农村劳动力，开启新一轮扩张，以此循环直至农村剩余劳动力全部转移到城市。剩余劳动力的消失就是二元经济终结的转折点，也称"刘易斯拐点"。"刘易斯拐点"有两个标志：一是农村没有剩余劳动力，现代工业部门的简单劳动力开始稀缺；二是简单劳动力工资上涨，工资开始随着总雇用量的增加而增加，劳动供给对工资的弹性不再是无穷的，而是一个正数。

在我国，以上两个标志都已经出现。多数研究认为 2004 年或 2010 年是中国的"刘易斯拐点"。我国在 2004 年、2010 年出现过两次"用工荒"，每次进城务工人员的工资都有显著提高。2004 年的"用工荒"主要缺乏的是熟练劳动力，发生在东南沿海地区的劳动密集型企业。熟练劳动力缺乏的原因在于，在当时的政策性障碍下，进城务工人员的待遇不高而且合法权益保障性弱。然而，即使改革已经基本清除了以上问题，2010 年我国还是出现了从熟练劳动力到简单劳动力的、全国范围的"用工荒"。不同于 2004 年以熟练劳动力缺口为主，

2010 年的简单劳动力缺口比熟练劳动力缺口更大。例如，珠三角地区的简单劳动力缺口占总劳动力缺口的比例接近 70%。这种普遍性的"用工荒"是由人口结构根本性变化造成的：我国适龄劳动力增量快速下滑并出现老龄化。计划生育政策实施后，80 后、90 后劳动力数量较老一辈有明显下降，2017 年进城务工群体中 1980 年以后出生的人口占比首次超过 50%。2010 年以来，进城务工人员数量增速不断放缓，2018 年以来增速接近 0，制造业招工难现象在全国范围一直存在。

2010 年"用工荒"的根本原因在于我国适龄劳动力增量的快速下滑。2012 年我国 15~59 岁劳动年龄人口比上一年减少了 345 万，此后我国劳动年龄人口呈下降趋势。2012 年以后，平均每年退休人员数量在 1 500 万左右，但每年能够上岗的新生劳动力数量在 1 200 万左右，实际上中国劳动力数量在 2016—2020 年每年少了 300 万（黄奇帆，2020）。另外，"刘易斯拐点"预示着人口红利的结束，经济增长不再由丰富的劳动力驱动。中国经济增速确实在 2012 年进入了"新常态"，GDP 增长率从 2010 年以前的 10% 左右下降到 2012 年以来的 6%~7%。

改革开放以来，农村剩余劳动力数量已经大幅减少。中国就业统计年鉴数据显示，1978—2019 年，我国第一产业就业人员占比从 70% 左右下降到 25.1%。乡村就业人员占全部就业人员的比重也呈下降趋势，20 世纪 90 年代中后期以来更是加速下降，从 1978 年的 76.3% 下降到了 2019 年的 42.9%，高于当年末农村常住人口比重的 39.4%。另外，中国社科院认为，官方统计数据高估了农业劳动人口的数量和比重。例如 2012 年农业劳动人口比重仅为 19.8%，远低于官方统计的 38.9%。

同时进城务工人员工资不断上涨。国家统计局数据显示，2004 年进城务工人员月工资收入加速增长，从接近 690 元增长到 2007 年的超过 1 000 元。2010 年以后，进城务工人员人均月工资收入增长率基本不低于同期的 GDP 增长率。2010 年进城务工人员工资的加速上涨与人口结构的巨大转变基本吻合，反映了农村劳动力开始稀缺。2010—2013 年进城务工人员人均月收入实现第二次加速增长，3 年的平均年增长率均超过 13%，远高于同期 GDP 增长率。2014 年增速放缓，但人均月收入已上涨到了 2 864 元。2020 年因受新冠肺炎疫情影响，进城务工人员收入增速降到 2.8%，为 4 072 元 / 月，但仍高于当年 GDP 2.3% 的增长率。

第二章

有限供给与无限供给竞合的新二元经济

无限供给：经济理论的革命

　　资源的稀缺性一直是主流经济学的核心假设。然而新经济时代的大量核心资源，比如数据和技术，一旦产生，便不再稀缺，其供给是无限的。这些无限供给的资源，因为有了产权保障，而具有重要的市场价值。

　　资源的稀缺性是主流经济学的第一假设或最为核心的假设。正是基于这一假设，现代主流经济学致力于研究稀缺性资源的优化配置，以最大限度地满足人们的无限需求这一技术问题，经济学甚至被视为一门选择的科学。可以说，离开了稀缺性假设，就没有新古典经济学，就没有现代的主流经济学理论，进一步来说，没有稀缺就没有市场竞争，甚至也就不再需要研究经济学了。同时，资源稀缺性假设也是现代消费理论的基石。正由于资源是稀缺的，消费品的供应是有限的，消费者才需要合理安排消费以实现效用最大化，才会出现机会成本等术语。

现代主流经济学将资源的稀缺当作"不言自明"的存在。资源稀缺、供给有限与经济人假设一起构成经济学，成为主流微观经济学理论最重要的两块基石。经济学家以此进行逻辑推导，并提出了一系列理论，如价格理论、生产理论、比较优势原理以及零和博弈等。

经济学家当然承认这个世界上存在无限供给的、保障人类生活的、支撑着人类经济生产活动的资源，比如阳光和空气。但传统经济学理论认为，由于这些不具有稀缺性的无限供给资源并不进行市场化交易，不需要竞争使用，因而没有经济学和商业意义上的市场价值。因此无限资源基本不会被作为经济学研究的对象。

然而，这个世界上不仅有上天恩赐的自然资源，也有人类依靠自身知识积累开发的资源，而且此类人造资源也是经济资源。经济学中流行的观点将可被人类利用的经济资源等同于自然资源，将自然资源稀缺性等同于所有经济资源的稀缺性。这暴露出现代主流经济学中的资源稀缺性假设存在着明显的逻辑和思维缺陷：它基于一个封闭的系统，并将社会现象割裂开来进行孤立而静态的研究，不仅没有看到自然资源是动态并且不断被开发利用的，而且无视了人造资源的快速增长。

随着科技进步的加速，人类创造性活动的增强，人造资源以及基于这些人造资源所形成的产品正快速、大量地涌入我们的生活和生产活动之中。腾讯公司的微信、微软公司的Windows操作系统、谷歌的安卓系统、百度的搜索引擎就是典型的例证。而且不同于面包和牛奶，它们的供应是无限的，完全不具有传统经济理论所强调的稀缺性。

《无限供给：数字时代的新经济》一书开创性地结合新经济发展的现实，对部分要素和产品的无限供给进行了系统阐述。技术和数据是新经济时代的核心生产要素。这些要素要么还没产生，要么一旦产生，无论如何使用，都不会被损耗、折旧，更不会消失。因此，其供给是无限的。软件、视频、数字音乐、网络游戏等产品，一旦被研发创造出来，供给就是无限的，不存在任何稀缺性。许多人把数据比作新经济时代的石油。两者的相似性自不待言，数据是新经济时代的核心资源，石油则是传统工业经济时代的核心资源。但两者的差异是根本性的。前者可以无限供给，永无损耗；后者储量、供应量有限，一旦使用就会产生消耗。

在主流经济学理论中，非稀缺的资源（指的是自然资源），比如阳光和空气，无论有多重要，也不会有市场价值或在市场中交易，人们可以自由免费地享用。但是，软件、技术、数字、网络游戏等人造资源和产品，既可以无限供给，也可以进行市场交易，并可能产生巨大的市场价值。微软公司的 Windows 操作系统、Zoom 公司的视频会议服务系统供给都是无限的，但并不是免费供人们自由使用的。即便是百度的搜索引擎、腾讯的微信、字节跳动的抖音应用程序，也只是表面上的免费。这些所谓的免费产品或服务，都在为相关公司赚取巨额的衍生利润。

虽然同样具有非稀缺性，但空气之所以免费，而 Windows 操作系统价格不菲，关键在于空气是共有资源，不存在私人产权，而 Windows 操作系统的产权却归属私人机构，即美国的微软公司。因此，问题的本质不在于资源是否稀缺，而在于资源的产权归属。如果某家私人机构像拥有土地、矿产、机器设备所有权那样掌握了空气和阳光的所有权，恐怕人类的呼吸和晒太阳也不会免费了。

上述分析表明，稀缺性已经不再是现代经济不言自明、理所应当的存在了，稀缺性也不是产生市场交易的绝对必要条件。尽管人类现在的科技水平和生产能力尚不可能全面解决所有的资源稀缺性问题，尽管资源稀缺在许多领域依旧广泛存在，但人类正在通过自身的研究和智慧，减少自然资源对人类生产和生活的约束。例如利用可再生能源代替化石能源，利用合成材料代替钢材和金属材料，利用风电代替火电，利用电子读物代替纸质书报等。除此之外，还同时创造出了大量人造资源和无限供给产品。

无限供给经济的快速繁荣

当今时代是无限供给要素、无限供给产品大繁荣的时代，技术快速进步、迭代，专利数量、创意产品、数据资产呈井喷式增长。中国在无限供给经济领域的成绩非常耀眼。

无限供给经济是一套新的经济学理论，但无限供给要素和产品并不完全是新的存在，只是早年这类要素在经济活动总量中占比较低，并未引起人们的足够重视。

我们先来看看无限供给要素。如前所述，技术是一种重要的无限供给要素。技术不是今天才有的，其重要性早就为人所熟知。第一次工业革命、第二次工业革命就是经典的技术革命。古人发明的植物栽培、家畜饲养、陶器制造、炼铜炼铁方法也是技术。但是，因为需要通过其他载体或与其他生产资料结合才能发挥作用，因此长期以来，技术并没有被主流经济学理论视为一种独立的生产要素。

再来看无限供给产品。马克思的《资本论》、孙武的《孙子兵法》、贝多芬的《欢乐颂》不知已经被多少人阅读、欣赏过，这些都是经典的无限供给产品（作品）。在理论上，所有这些思想性产品一旦被创造出来，都是可以无限供给的。但由于长久以来这些产品需要以有限供给产品作为载体，如书本（纸张）、唱片，其无限供给的属性并没有引起经济学界的足够重视。当然，也有一种可能，无限供给产品在传统经济时代毕竟占比较低，忽略其存在性似乎对经济理论的整体有效性并没有产生太大影响，所以没有得到足够重视。

随着技术进步的加速和数字化时代的到来，无限供给要素和产品越来越多，越来越重要，而且对有限载体的依赖性也在快速降低。例如，在传统经济中，图书需要以纸为媒介，音乐需要被刻录在唱片或磁带里，然而现如今，数字图书、数字音乐几乎不需要借助任何物理载体就能流通，成了无限供给产品。人们只要有部手机，就可以看书、欣赏音乐，做许多自己想做的事。

近些年来，技术和数据这些新经济的核心生产要素在中国呈现出井喷式增长，以数字产品为代表的无限供给产品也层出不穷。

先来看专利申请和授予情况。1999 年，中国获得专利总数只有 16 607 件。到了 2018 年，中国获得的专利数量突破百万件，达到了惊人的 1 393 815 件，位居世界首位（见图 2.1）。不到 20 年时间，中国年获得专利数量暴增了 83 倍，增速着实惊人。当然，技术水平不能只看专利数量，还要看质量和应用前景，但专利数量至少从一个角度反映了中国科研和技术力量的快速进步。

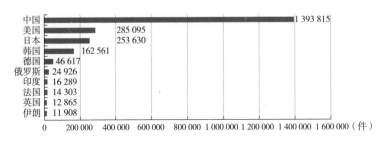

图2.1　2018年世界各国专利数量排行

资料来源：新浪看点。

与专利数量增长速度相呼应，中国近20年来的研发支出也在快速增长。1999年中国R&D经费支出总额为678.9亿元，占当年GDP的0.83%。2019年中国共投入研究与试验发展经费22 143.6亿元，占当年GDP的比重为2.23%，创历史新高。2019年华为财报显示，2019年研发投入为1 317亿元，相当于20年前全国总研发经费支出的两倍（当然，这里有通货膨胀因素），可谓数额惊人。

数据资产的增长更是近年来中国经济的亮点。尽管中国数字化进程起步较晚，但成长速度很快。中国"数据圈"规模在2018年时约为7.6 ZB，占全球总量的23.4%，预计到2025年时规模可达48.6 ZB，成为全球最大"数据圈"，占全球总量的

27.8%，年复合增速达 30%（见图 2.2）。

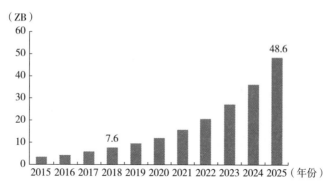

图 2.2 中国"数据圈"规模

资料来源：IDC& 希捷，财富证券。

徐翔、赵默非在《数据资本与经济增长路径》一文中提到，2015 年，中国数据资本在 6 万亿元左右，占社会总资本的比例约为 4.3%。2019 年，中国数据资本已达 9 万亿元左右，占社会总资本的比例上升到接近 5%。

数字经济在中国的高速发展更是势不可当。上海社科院于 2019 年发布的一项研究显示，中国数字经济增速在 2016—2018 年连续 3 年排名世界第一。2016 年、2017 年和 2018 年，中国数字经济同比增速分别达到 21.51%、20.35% 和 17.65%，远高于包括美国在内的世界其他国家。国家互联网信息办公室发布的《数字中国建设发展报告（2018 年）》显示，2018 年，我国数字经济规模达到 31.3 万亿元，按可比口径计算，名义增长 20.9%，占 GDP 的比重为 34.8%。其中数字产业化规模达到 6.4 万亿元，占 GDP 的比重为 7.1%。软件和信息技术服务业、互联网行业收入同比分别增长 14.2% 和 20.3%。2018年产业数字化规模超过 24.9 万亿元，同比名义增长 23.1%，占 GDP 的比重为 27.6%。工业、服务业、农业数字经济占行业增加值的比重分别为 18.3%、35.9% 和 7.3%。

如图 2.3 所示，中国信息通信研究院（以下简称"中国信通院"）测算的数据，描绘了近些年来中国数字经济的发展态势。该图直观地显示了数字化在中国经济发展中的重要作用。2005—2019 年，中国数字经济一直呈现高速增长的态势，2008年以后增速进一步加快。10 多年间，中国数字经济总规模从 2.6万多亿元增长至 35.8 万多亿元，增长了近 13 倍（按当年价格计算的名义增长）。数字经济占 GDP 的比重一路高歌猛进，从2005 年的 14.2% 上升到 2019 年的 36.2%，其中 2005—2008 年，数字经济在 GDP 中的占比上升了 1 个百分点，其后每 3 年上升6 个百分点左右，发展势头惊人。无论从哪个角度看，数字经济如今在中国经济发展中的地位都已举足轻重。

广义而言，中国的数字经济从业人员数量于 2019 年达到1.9 亿，占中国就业总量的 24.6%。与此同时，当年中国数字经济占 GDP 的比重达到 36.2%，对中国经济增长的贡献率超过 67.7%。[①]数字经济已是中国经济的支柱产业。

---

① 中国信息通信研究院数据。

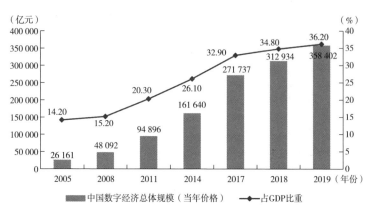

图 2.3　2005—2019 年中国数字经济总体规模及占 GDP 比重

以数字经济崛起为代表的中国新经济业态的蓬勃发展，一方面是技术进步和模式创新推动的结果，另一方面，也是中国经济新旧动能转换和经济结构转型升级的必然。

一定程度上讲，中国改革开放 40 多年来的经济高速增长，主要依靠的是劳动力丰富、成本低廉、物质产品相对紧缺所推动的快速工业化。经过多年的高速发展，工业化进程和伴随着工业化进程的资本积累已经基本完成。在传统市场，包括房地产、基础制造领域的投资，在中低端产品出口和社会大众的基础消费方面，都逐渐逼近饱和状态。由此，传统存量行业的增量空间已经变得非常有限。经济发展、企业繁荣、消费升级，均需要寻找新的突破口和新的增长空间。新的增长空间在哪里？在于创新，在于新技术的突破和新产品的打造，在于新需求的创造。

近 10 年来，中国在数字经济、人工智能、机器人、无人机、生物科技、量子技术等方面所取得的成就，是国民经济转型升级的阶段性成绩，是企业寻求新增量的具体成果。中国在这些领域的创新和发展还会继续快速向前。

大力发展数字经济，全面推进经济的数字化转型，不只是中国独有的经济发展趋势。美国是数字经济发展最早的国家，其数字化技术水平和数字经济规模目前依旧领先全球。世界上许多其他国家，特别是经济相对发达的国家（如经济合作与发展组织中的大部分成员），也在不遗余力地发展数字经济和智慧经济。2019年，经济合作与发展组织（以下简称"经合组织"）成员中70%~95%的成年人是互联网用户，智能手机是最受欢迎的上网工具。[①] 2020年，为应对新冠肺炎疫情产生的影响，全球对数字经济的重视和依赖程度更是上了一个新的台阶。

数字和智慧经济的兴起，不是技术的边际改进，不是小修小补的经济结构调整，而是一次生产、流通、生活方式的伟大革命。这一轮以数字化和智慧化为代表的技术革命，与以蒸汽机为代表的第一次工业革命，以及以电气化为代表的第二次工业革命相比，其影响的广度和深度都将更为宏大。

需要指出的是，尽管数字经济是现代无限供给经济的核心

---

① OECD（2020），OECD Digital Economy Outlook 2020, OECD Publishing, Paris.

组成部分，但数字经济并不等于无限供给经济。按照通用的核算口径，数字经济主要包括两个方面的内容：一是数字产业化，即信息通信产业，具体包括电子信息制造业、电信业、软件和数字技术服务业、互联网行业等；二是产业数字化，即由于应用数字技术带来的生产数量和生产效率提升，传统三次产业的新增产出成为数字经济的重要组成部分。显然，电子信息制造业的产品还是有限供给产品，传统产业应用数字技术增加的产品也是有限供给的。当然，即便数字经济和其他新兴产业的最终产品是有限供给产品，生产过程依然离不开大量的技术、数据等无限供给要素。

无限与有限的融合

无限供给要素和有限供给要素相互结合，无限供给产品和有限供给产品相互依存，是新经济时代的一个重要经济现象。新经济产业对传统产业不只有颠覆与替代，也有促进和赋能。

无限供给要素往往需要以特定方式与有限供给要素进行组

合，才能形成供企业和个人使用的终端产品。举例来说，技术是生产要素，但只有技术本身是不可能形成最终产品的。多数情况下，无限供给产品需要依靠某些有限供给载体，才能真正发挥作用。比如说，电脑和手机仅有软件不行，仅有硬件也没用，只有将软件和硬件完美地结合在一起，才能供消费者使用。

无限供给要素和有限供给要素的高度融合是新经济的一道亮丽风景线。在人类经济史上，从没有出现过无限供给产品和有限供给产品、无限供给要素和有限供给要素如此大规模、高质量、高紧密性的融合。我们随处可见的各种产品，从手机、计算机到电动汽车，再到医疗设备、航空航天器材，都可以称作无限供给要素和有限供给要素结合的典范。

技术的快速进步、无限供给要素的大量涌现，不仅提高了劳动效率，也极大地扩展了人类经济活动的范围，在不断扩大经济规模的同时，也创造出了大量新的产品。有些新产品在传统经济时代是无法想象的。这些新产品既包括越来越多的无限供给产品，也包括技术含量更高的有限供给产品。许多时候，无限供给产品和有限供给产品是相互依托的：更好的有限供给产品（比如硬件），会催生更多的无限供给产品（比如应用软件、视频和游戏）；更多更好的无限供给产品的出现，也会催生和创造出更多对有限供给产品的需求。

新经济时代一个值得关注的显著趋势是，新的产品被成功研制并受到市场欢迎，在这个过程中，产业生态和产业链扮演的角色越来越重要。生态圈或产业链内的企业相互合作，促进了无限供给产品和有限供给产品的共同繁荣。当手机的操作系统变得更强大了，应用软件变得更多了，使用更方便了，手机的需求自然水涨船高，不仅带火了苹果公司，也带火了富士康、高通和海思，以及大大小小的触摸屏、外壳、电池生产企业。同样，算法、算力和智能软件发展了，智能机器人的需求就会增加，软件系统的需求量会更大，机器人硬件和外壳也会成为必不可少的产品。还有，数字技术为传统有限供给产品赋能也是一个新趋势。由于数字技术的使用，传统有限供给产品，比如家具、汽车等变得更智能、更聪明了：当温度太低时，它会帮你升温；当你觉得疲劳时，它会帮你播放有助于舒缓的轻音乐。

引用微观经济学的概念，当两种商品的消费存在依存关系，即一种商品的消费必须与另一种商品的消费相配套，那么这两种商品就叫作互补品，如汽油和燃油汽车，计算机软件和硬件；当一种商品的使用可以在一定程度上替代另外一种商品，那么这两种商品就成了替代品，如米饭和面包，高铁和飞机。

无限供给要素和产品既可以给有限品供给行业赋能（如在数字技术应用于农业生产和工业制造的流程中能提升其生产效率），也可以和有限供给产品形成互补关系（如操作系统、应用软件与计算机、手机）。当然，无限供给产品也有可能成为传统有限供给产品的替代品，如数码相片代替胶卷相片、微信代替邮寄的信件、数字音乐代替唱片和磁带等，并对部分传统有限供给产品形成颠覆。

新经济：创造和颠覆

传统产业和新兴无限供给产业并存是新经济时代的重要特点之一。新经济时代的颠覆式创新确实会给部分传统产业带来挑战，甚至颠覆。从产业经济学的角度看，颠覆式创新和新经济的繁荣带来了产业结构的巨大变化。

在传统的二元经济体系里，所谓的现代工业部门，要么独立于维持生计的传统农业部门自成体系，要么和传统农业部门形成上下游关系。现代工业部门会从传统农业部门吸纳劳动力，也可能为传统农业部门提供新的技术和生产资料，但两个部门的产品少有激烈的竞争关系，前者更不会轻言消灭或替代后者。

中国最大的互联网企业之一——腾讯公司的创始人马化腾曾多次表示，互联网不是对传统产业的替代和颠覆，而是传统产业的助力器。马化腾显然只讲了故事的一半，数字经济和互联网创新对于许多传统产业来说确实具有强大的赋能作用，以至数字化转型已经成为中国乃至世界众多传统企业的核心追求。然而，数字技术和新经济业态对传统产业的替代和颠覆也随处可见。在中国，微信已经在事实上"替代和颠覆"了传统三大电信运营商的短信，支付宝替代了银行卡的很多功能，这都是不争的事实。

如今这个时代，颠覆式创新①早已成为一种时尚，成为新型经济，尤其是创业企业的普遍追求和基本信念。从本质上讲，颠覆式创新追求的就是对原有技术、原有产品、原有商业模式的革命和替代。例如，磁带代替唱片（早年的颠覆），数码相片代替胶卷相片，手机代替座机电话和收录机，微信和电子邮件代替邮寄信件，移动支付代替现金（纸币）支付，网络广告代替纸媒广告，高速铁路列车代替传统火车等。

消费者通常是颠覆式技术和创新的受益者，可以因此获得性价比更高的产品。然而，对企业来讲，由于技术变迁和颠覆式创新的出现，其面临的经营风险和不确定性也大大增加了。

---

① 1997 年，克莱顿·克里斯坦森在《创新者的窘境：大公司面对突破性技术时引发的失败》一书中，首次提出了"颠覆性技术"一词。颠覆式创新开始广为流行。

在滚滚的创新洪流和激烈的市场竞争中，少有企业能真正高枕无忧。稍有不慎，大型企业也难逃被颠覆、被边缘化，甚至被淘汰的命运。美国世界通信公司的破产，中国邮政集团邮电业务的快速下滑，大量纸媒停刊，百货商场的衰落等都是很好的例证。

从产业经济学的角度看，颠覆式创新和新经济的繁荣带来了产业结构的巨大变化。这种变化的广度和深度在传统二元经济时代是难以想象的。遗憾的是，由于数字经济、战略性新兴产业等新经济业态横跨工业、服务业乃至农业等各大产业板块，传统的三大产业划分及其相对比重的变化不足以揭示数字革命和颠覆式创新对产业结构的影响。产业数字化、数字产业化、战略性新兴产业发展的公开数据可以揭示新产业发展的迅猛势头，但难以展现新经济和颠覆式创新所造成的产业和产品替代关系。

我们不妨了解一下中国战略性新兴产业近年来的发展情况。根据国家统计局于 2018 年 11 月公布的《战略性新兴产业分类（2018）》（国家统计局令第 23 号），战略性新兴产业是以重大技术突破和重大发展需求为基础，对经济社会全局和长远发展具有重大引领带动作用的知识技术密集、物质资源消耗少、成长潜力大、综合效益好的产业。我国战略性新兴产业具体包括九大领域（见表 2.1），这些都是当今中国国民经济发展的重点领域。

表2.1 中国战略性新兴产业领域构成

战略性新兴产业代码	战略性新兴产业分类名称
1	新一代信息技术产业
2	高端装备制造产业
3	新材料产业
4	生物产业
5	新能源汽车产业
6	新能源产业
7	节能环保产业
8	数字创意产业
9	相关服务业

资料来源：https://www.sohu.com/a/448633879_473133.

如图 2.4 和图 2.5 所示，无论是工业制造行业还是服务行业，中国最近几年战略性新兴产业的增长速度都显著快于工业或服务业整体的增长速度。在应对新冠肺炎疫情冲击的 2020 年，这一趋势表现得尤其明显。

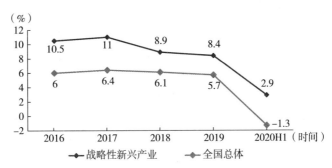

图 2.4 中国战略性新兴产业工业增加值增速与总体工业增加值增速对比

资料来源：https://www.sohu.com/a/448633879_473133.

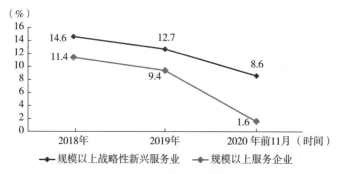

图2.5　中国战略性新兴服务业营收增速与全国规模以上
服务企业营收增速对比

资料来源：https://www.sohu.com/a/448633879_473133.

　　以数字技术为代表的新经济的发展，对于传统产业（企业）既有强大的赋能作用，又有不可小觑的颠覆作用。这两个作用到底哪个更显著？要想对这个问题做出定量的回答，并非轻而易举。但依据我们的观察，从相对宏观的角度，也就是大的行业层面来看，数字化赋能作用非常强大；从微观角度，即细分的行业或层面看，确实有大量传统企业或细分行业被新技术颠覆的案例。以商业服务业为例，电商的迅速发展固然对线下百货商场、购物中心的生意造成了较大冲击，但整个商业服务业和商品流通的效率却是大大提高了的。再如，数字媒体确实冲击了报纸、杂志甚至电视等传统媒体，但整个传媒行业显然是变得更发达、更高效，而不是更衰落了。至于制造业，数字技术更是为其带来了生产效率和智能化水平的提高。

新二元经济及其与传统二元经济的比较

新二元经济是由无限供给新经济部门和有限供给传统经济部门共同构成的一个崭新的经济体系。新二元经济不是传统二元经济的简单升级版，无论是从理论上，还是从实际发展机制上讲，两者都存在诸多重要的不同之处。

本书第一章的讨论表明，刘易斯描述的传统二元经济在中国已经走向终结。在数字化、智能化不断发展的新经济时代，无限供给新经济部门不断发展壮大，而有限供给传统经济部门依旧举足轻重。两者之间存在着巨大差异，彼此之间既相互竞争，也相互促进和融合，共同构成了一个崭新的经济体系，我们将此称为新二元经济。需要指出的是，新二元经济不是中国独有的现象，而是这个时代各经济体的普遍特征。本书第三章将详细论述世界各经济体新二元经济的发展状况。

新二元经济不是传统二元经济的简单升级版，不是从iPhone 5（第五代苹果手机）到 iPhone 6（第六代苹果手机）

的渐进式改良，而是经济发展方式脱胎换骨的革命性转变。新二元经济无论是从理论上，还是从实际发展机制上讲，都和传统二元经济存在诸多重要的不同之处。

传统二元经济，也就是刘易斯所说的二元经济，从本质上讲，是一种非均衡经济。该经济的一个基本特点，也是刘易斯理论的核心假设是，农业部门拥有大量边际劳动生产率为 0 的闲置劳动力，可以被源源不断地输送到新兴工业部门。由于劳动力在农业部门的边际劳动生产率为 0，而在工业部门的边际劳动生产率为正，农业劳动力向工业部门的迁移会提高劳动力资源的配置效率，并促进经济增长。工业部门资本积累速度越快，对农业劳动力的吸纳能力就越强，经济增长速度就越快。

在以上非均衡经济体系中，农业部门既无必要和动力，也无能力和实力，与工业部门在劳动力等生产要素的使用方面展开竞争。两部门之间几乎不存在任何竞争关系，劳动力是单向流动的。

新二元经济首先是均衡经济。新二元经济中两大部门的差异不在于劳动力的边际生产率与工资水平，而在于产品的边际成本与部门的增长方式。无限供给产品的边际成本为 0，而有限供给产品的边际成本永远为正。有限供给传统经济部门的增长靠投入支撑产能扩张（包括原有产品产量增加或新产品的制造），而无限供给新经济部门靠用户增长和产品种类的增加。无限供给新经济部门的生产函数与有限供给传统经济部门存在天壤之别。这方面内容，我们将在后续章节详加讨论。

在新二元经济里，不存在刘易斯所说的拥有无限量的闲置生产要素（劳动力）的传统部门。在生产要素市场上，无限供给新经济部门和有限供给传统经济部门之间存在着竞争关系。在均衡状态中，同质量的劳动力的边际劳动生产率应该相等。部门之间的竞争以及各部门内部的竞争决定了劳动力的价格——工资水平。

在新二元经济里，无限供给新经济部门的产值规模，显然不能再沿用传统生产函数（如柯布—道格拉斯生产函数）来刻画。如果说传统有限经济的总产值完全由要素投入和生产效率决定，那么新二元经济的总产值除了与投入有关，还与市场（需求）规模密切相关。对于无限供给产品而言，同样的投入研制出的产品，如微软的 Windows 操作系统，其产值完全由市场需求决定。市场需求越大，微软的产值就越高。因此，在考虑新二元经济总产值以及经济增长时，我们必须把市场规模看作一个重要因素。

新二元经济中有大量无限供给的人造要素，如数据和创意，但与刘易斯传统二元经济所说的劳动力无限供给存在明显不同。在传统二元经济中，所谓无限供给的劳动力，指的是大量劳动力未能得到利用，处于无效或闲置状态。一旦这些劳动力得到充分利用，劳动力就会变成稀缺要素，出现所谓的"刘易斯拐点"。而新二元经济中的无限供给要素并不是源于闲置或过剩，而是这些要素一旦出现，就可以真正永无止境地被使用，永远不会出现由过剩到短缺的拐点。

如同我们在前面谈到的那样，在新二元经济里，无限供给新经济部门和有限供给传统经济部门之间的关联性显著增强。这种关联性既包括要素和产品市场的相互竞争，也包括两部门之间的相互融合和相互赋能。前面已有讨论，在此不再赘述。

第三章

新二元经济发展的国际比较

全球的数字经济发展概况

数字经济是新二元经济中无限供给经济的核心部分，21世纪则是数字经济大发展的时代。数字经济增速高于GDP增速，并且快速向各大产业渗透，在GDP中占比不断提高，已经成为全球现象。

第二次世界大战以后，电子计算机的出现，打开了信息时代的新篇章。尽管信息技术发展已有70余年的历史，但其发展不断加速，并对全球经济和人民生活产生重大影响，还是21世纪以来，特别是近10年来的事情。这种影响，无论是政府部门的官员、各行各业的企业家，还是普通百姓，都有深切感受。当我们讨论无限供给和无限供给经济时，数字经济无疑是重中之重。

随着信息技术的不断迭代和加速发展，早期的信息技术已经发展成全新的数据经济。重视数字经济发展，以数字创新引领经济升级和可持续发展已经成为全球共识。如图 3.1 所示，21 世纪以来，世界各主要经济体都在对数字经济发展进行积极谋划，并在政府层面做出了各自的战略部署。其中，美国早在 1999 年就成立了 NITRD（网络与信息技术研究与发展计划），布局计算机、网络和软件的科研计划，是世界上最先在政府层面启动数字化战略的国家。

图 3.1　全球主要经济体数字经济发展部署

资料来源：数邦客，https://www.sohu.com/a/398853688_468714.

联合国发布的《2019 年数字经济报告》认为，在收集、使用和分析大量机读资料（数字数据）能力的推动下，数字经济继续以极快的速度发展。这些数字资源来自在各种数字平台上开展的个人、社会和商业活动的数字足迹。代表数据流的全球互联网协议（IP）流量从 1992 年约 100 千兆字节 / 日增长到 2017 年 46 000 千兆字节 / 秒。但这个世界还处于数据驱动经济的早期，在首次上网的人数越来越多和物联网扩张的推动下，预计到 2022 年，全球互联网协议流量将达到 150 700 千兆字节 / 秒（见图 3.2）。

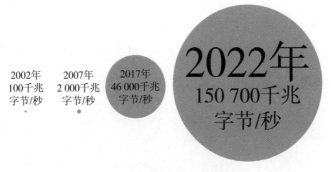

图 3.2 全球互联网流量发展

资料来源：联合国《2019 年数字经济报告》。

数据收集和使用的发展以及相关政策的制定在很大程度上取决于所涉及的数据类型：个人或非个人的、私人或公共的、用于商业或政府目的、自愿提供或观察到或推断出的、敏感或不敏感的。一个全新的"数据价值链"已经形成，其中包括支持数据收集、根据数据产生见解、进行数据存储、进行数据分析和建模的企业。一旦数据转化为数字智能并通过商业用途货币化，就创造出了价值。

平台化也是一个驱动因素。在过去十年里，世界各地出现了大量由数据驱动商业模式的数字平台，因而扰乱了传统行业。按市值计算的全球八大公司中有七家使用了基于平台的商业模式，这一事实就体现了平台的力量。

数字平台提供了一种让参与者聚集在一起进行在线互动的机制。这类平台可分为交易平台和创新平台。交易平台是以在线基础设施支持多方之间交换的双边/多边市场。它们已经形成一种核心商业模式——要么成为主要的数字公司（如亚马逊、阿里巴巴、脸书），要么成为为数字部门提供支持的公司（如滴滴出行或爱彼迎）。创新平台以操作系统（例如安卓或Linux）或技术标准（例如动态图像专家组视频）的形式为代码和内容制作者开发应用程序和软件创造环境。

以平台为中心的企业在数据驱动型经济中具有主要优势。由于既是中介，又是基础设施，它们有能力记录和提取与平台用户的在线行为和互动相关的所有数据。数字平台的发展与它们收集和分析数据的能力直接相关，但它们的兴趣和行为在很大程度上取决于它们如何将这些数据货币化以创造收入。

中国信通院发布的《全球数字经济新图景（2020年）——大变局下的可持续发展新动能》中的相关数据显示，2019年全球数字经济总规模①达到31.8万亿美元，数字经济在全球GDP占比达到41.5%，而2018年，这一比例为40.3%。数字经济在国民经济中的地位持续提升，对全球经济的贡献度持续增强。

从增长速度来看，数字经济增速高于GDP增速几乎成为全球不同收入水平国家的普遍现象。根据《全球数字经济新图景（2020年）——大变局下的可持续发展新动能》的数据，2019年全球数字经济同比名义增长5.4%，而同期全球GDP名义增速只有2.3%。无论是高收入国家、中等收入国家，还是发展中国家，2019年的数字经济增长速度都明显高于对应的GDP增速。中高收入国家数字经济增速最快，达到8.7%，高于GDP增速4.7个百分点（见图3.3）。

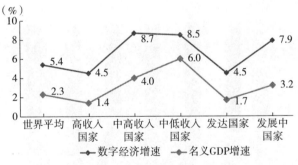

图3.3 2019年全球数字经济增速和GDP增速比较

资料来源：中国信通院发布的《全球数字经济新图景（2020年）——大变局下的可持续发展新动能》。

①　数字经济总规模既包括数字产业化增加值，也涵盖产业数字化增加值。

产业数字化是数字经济在实体经济当中的融合渗透，是数字技术在其他行业的应用成果，是数字经济的关键组成部分，发展潜力巨大。数字技术催生了生产与管理过程的数字化与自动化，使供应链实现更好的连接，同时也改善了企业与客户的联系和互动。

从长期趋势来看，产业数字化在 GDP 中的占比会越来越高。2019 年数字产业化在全球数字经济中的占比为 15.7%，占全球 GDP 比重的 6.5%；产业数字化占全球数字经济的比重达到 84.3%，占全球 GDP 比重的 35.0%，成为驱动全球数字经济发展的关键主导力量，图 3.4 同时表明，越是发达的国家，数字化水平越高的国家，数字技术在实体经济中发挥的作用就越大，产业数字化占比就越高。

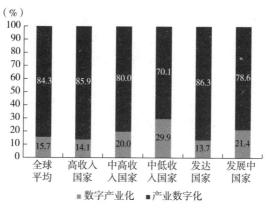

图 3.4 2019 年全球数字经济构成

资料来源：中国信通院发布的《全球数字经济新图景（2020 年）——大变局下的可持续发展新动能》。

产业数字化是数字技术向实体经济渗透并推动实体经济转型升级的结果。数字化、网络化的重要优势之一就是降低了信息成本和交易成本。就以传统产业结构分类方法划分的三次产业而言，固定成本低交易成本高的服务业，更易于进行数字化转型，更方便采用数字技术来提升效率。因此，服务业数字化转型明显快于工业和农业。这在全球不同发展水平的国家表现高度一致。从全球平均水平看，2019 年第一、第二、第三产业数字经济渗透率分别为 7.5%、23.5% 和 39.4%。收入水平越高，经济越发达的国家，三次产业数字经济渗透率普遍也越高（见图 3.5）。

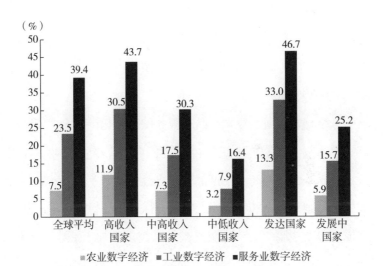

图 3.5　2019 年三次产业数字经济渗透率

资料来源：中国信通院发布的《全球数字经济新图景（2020 年）——大变局下的可持续发展新动能》。

2020 年注定是人类历史上不平凡的一年。新冠肺炎疫情的暴发，给全球经济和民众生活带来了灾难性的影响。但与此同时，"大流行"也大大强化了数字技术在世界各国的应用。人类对网络和数字技术的依赖所涉及的领域从未如此广泛，从教育、娱乐、购物，到卫生和生产管理，数字技术无处不在。"大流行"对数字技术的长远影响也许刚刚显现。未来，数字技术应用的广度和深度定会持续提高。

根据经合组织发布的《2020 年数字经济展望》提供的数据，截至 2020 年，在由 38 个成员组成的经合组织中，34 个成员制定了数字经济战略以进行最高层级的政策协调，至 2020 年中期，已有 24 个成员制定了人工智能战略。各成员竞相推进 5G（第五代移动通信技术）布局，来改善网络连接，截至 2020 年 6 月，已有 22 个经合组织成员开始在部分地区提供 5G 商业服务。

从全球范围看，终端产品和服务的数字化比例也在不断提高，中高收入国家尤其突出。在过去十年中，有些行业，如媒体、音乐、游戏等行业的产品几乎已经完全数字化；[1]有些行业的产品则是数字和物理形态的混合体，例如智能穿戴设备和智能家具与电器等，汽车更是被越来越多地加入了数字元素。当然，也有一些行业，由于其自然属性，依然以物理产品为

---

[1] OECD（2020）. OECD Digital Economy Outlook 2020, OECD Publishing, Paris.

主，如食品、饮料、化妆品等。

随着全球数字经济的快速发展，全球数字服务贸易稳步增长。2019 年全球数字服务出口规模达 31 925.9 亿美元，占服务贸易出口的 52.0%，占全部贸易出口的 12.9%。全球数字服务贸易增速超过服务贸易和货物贸易，2019 年全球数字服务贸易出口较 2018 年增长 3.75%，服务贸易出口较 2018 年增长 1.95%，货物贸易反而呈下降趋势。[①]

美国数字经济的发展及其对美国整体经济的贡献

美国是当今世界科技实力和经济实力最强大的国家。在信息技术、数字科技、人工智能领域开发早，基础好，实力强，是当今世界头号数字强国。美国整体是一个典型的贸易逆差国，但在数字服务贸易领域却存在大额顺差，2019 年该领域的顺差为 2 233 亿美元，位列全球首位。

---

① 智研咨询. 全球数字贸易行业发展现状、发展中面临的问题及应对策略分析. https://www.chyxx.com/industry/202101/923989.html，2021 年 1 月 16 日。

美国是当今世界科技实力和经济实力最强的国家。信息技术、数字科技、人工智能领域开发早，基础好，实力强。全世界第一台计算机就是在 1946 年诞生于美国。此后，美国在信息技术和数字技术等领域一直处于全球领先地位，拥有完整的数字经济产业链条。目前，全世界最大的软件公司、芯片公司、互联网公司、新能源汽车公司，几乎都是美国的企业。

早在 1998 年 4 月，美国商务部就发布了其第一份有关数字经济的报告，名为《新兴的数字经济》，并宣布美国电子商务为免税区。1999 年，美国成立了 NITRD，布局计算机、网络和软件的科研计划，把推动数字经济发展作为国家战略。2000 年 6 月，美国商务部发布其第三份有关数字经济的研究报告——《数字经济 2000 年度报告》，称以电子通信和计算机为代表的高技术产业目前已成为美国经济的主要推动力，占到 1999 年美国经济增长的 1/3，对美国的经济发展有着深远而重大的影响。

21 世纪以来，美国以数字经济为代表的新兴经济发展更是如虎添翼。美国的数字经济规模有多大？如果按中国信通院的广义统计口径，即将数字产业化增加值和产业数字化增加值（数字技术对传统产业的边际贡献）相加，那么美国 2019 年的数字经济规模高达 13.1 万亿美元，[①] 接近中国 GDP 总量（14.4

---

① 中国信通院发布的《全球数字经济新图景（2020 年）——大变局下的可持续发展新动能》，2020 年 10 月。

万亿美元），远超世界其他国家的经济总规模。以此口径计算，2019 年美国数字经济渗透率，即数字经济占 GDP 比重已经达到 62.3%。

2018 年 3 月，BEA（美国商务部经济分析局）对数字经济的定义为：包括 ICT（信息通信技术）行业、计算机网络存在和运行所需的数字使能基础设施、通过计算机系统产生的数字交易（电子商务）以及数字经济用户创造和访问的数字内容（数字媒体）。尽管 BEA 对数字经济的定义包括完全的数字产品和服务，但并不包括那些只有部分为数字内容的产品和服务，[1] 也不包括数据与相关技术对传统产业赋能所做出的间接贡献。

按照 BEA 所使用的口径，2017 年美国数字经济的规模约为 1.35 万亿美元，占同期美国 GDP 19.5 万亿美元的 6.9%。这一数字与中国信通院依据广义口径估算的数据相差甚为悬殊。[2] 这种差异从一个侧面反映了数字化在美国各传统部门改善效率方面发挥的重要作用。

基于数据可得性考虑，本节后面有关美国数字经济的数据，如无特别说明，均系依据 BEA 的定义和口径。根据 BEA 的测算，1998—2017 年，每一年数字经济的实际增加值增速

---

[1] 王滢波：美国数字经济发展报告（2019）。本节后续部分资料和数据也引自或转引自此文，特在此一并说明。

[2] 中国信通院依据广义口径测算，2017 年美国数字经济规模占美国 GDP 比重的 57%。

都远远超出美国经济的整体增速。该统计期内，美国数字经济的平均年增速达到惊人的 9.9%，而美国整体 GDP 的增速则为 2.3%（见图 3.6）。

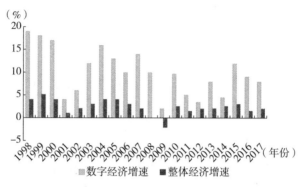

图 3.6　1998—2017 年美国数字经济和整体经济增速

资料来源：BEA。

就美国数字经济各个细分行业而言，硬件行业 20 年间的平均增速最快，但增速前高后低，从前十年的年均增速 33.6% 下降到了后十年的 5%。软件和通信行业的年均增速也在下滑，但下滑幅度小于硬件行业，其中软件行业的增速从 1998—2007 年的年均 9.9% 下降到 2008—2017 年的年均 5.8%，而通信行业的年均增速则从前十年的 9.4% 下降到了后十年的 5.2%。电子商务和数字媒体的增速则保持稳定，1998—2007 年的平均增速为 12.2%，2008—2017 年的平均增速为 11.1%。支持服务是唯一后十年增速高于前十年的行业，1998—2007 年的平均增速为 7.0%，2008—2017 年的平均增速则上升为

8.8%。即便是增速下滑的细分行业，2008—2017 年的平均增速也全部在 5.0% 以上，远高于同期美国 GDP 增速。可见，美国的数字经济增长势头依然强劲，对美国整体 GDP 增长贡献度巨大。2017 年，以狭义口径计算的美国数字经济的实际增加值增速为 8.3%，对实际 GDP 增速 2.2% 的贡献率为 25.0%，使 GDP 提高了 0.55 个百分点。

由于数字产品和服务大多具有无限供给的特征。对出口企业而言，此类产品的出口通常意味着丰厚的利润；对出口国而言，则意味着巨大的经济利益。美国是全球数字经济最发达的国家，当然也是全球最大的数字贸易国。目前世界各国企业和消费者使用的电子产品（计算机、手机等）的操作系统和通用的应用软件，大多由美国巨头微软、谷歌、苹果等提供；世界上最大的从事跨国服务的数字平台，包括购物平台、社交服务平台、数字音乐平台、数字媒体平台等，大多也是美国企业。2019 年美国数字服务出口排名全球第一，达 5 342 亿美元，在数字服务出口国际市场占比达到 16.7%；从金额看，比排名第二的英国高出 2 000 多亿美元。美国整体是一个典型的贸易逆差国，但在数字服务贸易领域却存在大额顺差，2019 年的顺差为 2 233 亿美元，位列全球首位。[①] 半导体是数字经济活

---

① 美国、英国数字服务贸易数据来源于智研咨询．全球数字贸易行业发展现状、发展中面临的问题及应对策略分析．https://www.chyxx.com/industry/202101/923989.html，2021 年 1 月 16 日。

动的核心元器件，尽管半导体本身是有限供给产品，但芯片技术却是典型的无限供给产品。2018年全球半导体销售额为4 688亿美元，比上一年增长6.81%，其中美国公司的全球市场份额最大，占比为45%。

2015年，美国商务部制定了一项数字经济议程，确定了数字经济的四大原则：第一，在全球范围内促进互联网的自由开放，因为当数据和服务可以畅通无阻地跨越国界时，互联网最有利于美国的企业和员工；第二，发展在线信任，促进电子商务蓬勃发展；第三，确保员工、家庭和公司接入互联网；第四，通过制定智能知识产权规则推进下一代技术促进创新。美国政府还致力于通过识别和挑战对外贸易壁垒以及进行贸易谈判来促进美国数字优先政策的实施。

欧洲和日本新二元经济发展状况

与传统经济时代相比，数字时代的欧洲和日本在经济领域的领先优势有所下降，但欧日正在数字经济向传统产业渗透以及人工智能领域加大发展力度。2020年，欧盟委员会公布了《塑造欧洲的数字未来》的数字化战略，同时发表了《欧洲数据战略》及《欧洲人工智能白皮书》，旨在通过加大对数字化和人工智能领域的投资提升欧盟数字经济竞争力。

欧洲与日本等都是当今时代公认的发达经济体，经济发展水平、科技创新能力、教育水平等都处在世界领先位置。这些经济体虽然各自在包括数字经济在内的新经济领域取得了一定的成就，但和数字经济强国美国之间还存在着非常明显的差距。

我们先来看看欧盟的数字经济发展情况。2020 年 6 月，欧盟委员会发布了《2020 年数字经济与社会指数》报告。该报告是欧盟委员会为评估和监测欧盟及成员在经济与社会数字化方面的表现而专门设计的综合评测指标，近年来每年都会公布。该指标主要从互通性、人力资本、互联网应用、数字技术集成、数字化公共服务五个维度来综合描述欧盟经济社会的数字化水平和进程。

在互通性方面。2019 年有 78% 的家庭安装了固定宽带，较五年前提高了 8 个百分点；4G（第四代移动通信技术）网络已覆盖整个欧洲，但只有 17 个国家分配了 5G 频谱，其中芬兰、德国、匈牙利、意大利较为领先。

在人力资本方面。2018 年欧盟共有 910 万名信息技术专业人才，较四年前增加了 160 万。欧盟人口整体数字技能不如美国和东亚地区，仍有 42% 的欧洲人缺乏基本的数字技能。

在互联网应用方面。85%的人每周至少使用一次互联网，较五年前提高了10个百分点，越来越多的人选择在线购物。欧盟电子商务零售额占总零售额的比重不断上升，2019年至少进行过一次网上购物的欧盟民众总占比达63%，其中22%的人是跨境购物。

在数字技术集成方面。欧盟的大企业数字化程度远高于中小企业，分别有38.5%和32.7%的大企业依靠云服务、使用大数据分析，而中小企业的相应占比仅为17%和12%。同时，仅有17.5%的中小企业以线上方式销售商品和服务，大企业则占39%。

在数字化公共服务方面。以在线方式提交行政审批表格的占67%，较五年前提高了10个百分点，其中爱沙尼亚、西班牙、丹麦、芬兰、拉脱维亚表现较好。

从整体数字化水平看，芬兰、瑞典、丹麦、荷兰的数字化水平最高，保加利亚和希腊位居末位，在过去五年里，爱尔兰提速最快。

根据欧盟委员会的相关数据，2018年，欧盟人工智能等数字技术的现有经济规模为3 000亿欧元，占欧盟GDP的2.4%（狭义口径），[1]与之相比较，如上一节所说，2017年美国数字

---

[1] https://www.163.com/dy/article/GCK86V930511B355.html. http://news.youth.cn/gj/202002/t20200220_12204914.htm。

经济规模占美国 GDP 比重，按 BEA 的狭义口径，则已达到6.9%。两者之间存在巨大差异。欧盟在数字经济领域的表现并不算亮眼，尤其是在社交媒体、在线购物、大众化的通用软件和智能手机等消费市场领域，仍远落后于美国和中国等国家。全球数字经济领域，特别是互联网领域市值（估值）领先的上市与非上市巨头公司，绝大多数来自美国，其次是中国，很少能看见欧盟公司的身影。另据世界银行统计，2019 年欧洲数字企业占全球数字企业总市值不到 4%，也远远低于同期欧盟经济总量在世界经济总量中的占比（15.77%）。[①]

欧盟数字经济之所以和美国、中国相比落后不少，我们认为主要有以下几方面原因。第一，受到美国数字经济强势地位的影响和冲击。美国对欧盟的政治经济影响力巨大，美欧之间语言、文化又相对接近。数字经济，特别是互联网经济没有地域限制。美国数字经济和互联网公司起步早，发展快，一旦获得市场认可，能迅速向欧盟国家渗透，抢占欧盟市场。这样一来，欧盟本地的数字经济企业，特别是互联网企业就失去了先机，很难迅速崛起或与美国大型企业竞争。当欧洲网民普遍使用脸书、谷歌、苹果等企业的产品时，类似的欧洲企业自然失去了生存和发展的空间。第二，欧盟作为一个整体，是一个巨

---

① 郑雪平.欧盟数字经济发展政策取向及成效.中国社会科学报，2021 年 4 月 12 日。

型经济体，人口总量也不少（不包括已经脱欧的英国，欧盟共有约 4.3 亿人口）。但单个国家人口数和经济规模远不能与中美相提并论。虽然欧盟也在试图打造"数字单一市场"，但进展不够迅速，市场相对碎片化。第三，欧盟内部数字化发展不平衡，欧盟光纤网络等基础设施建设相对滞后。第四，由于涉及多个国家，政策协调难度大、耗时长，加之对安全和数据隐私等方面的担忧，欧盟监管框架整体过于严苛，在一定程度上限制了数字经济发展的速度。

显然，欧盟委员会和各成员已经意识到这方面的问题，意识到欧盟在数字经济领域的发展与美国存在的差距，并已经开始采取积极措施，意图追赶时代发展的步伐，着力提升数字经济竞争力，摆脱对美国技术企业的依赖，从而维护自身的"数字主权"。

2020 年 2 月，欧盟委员会发布了《塑造欧洲的数字未来》的数字化战略，同时发表了《欧洲数据战略》及《欧洲人工智能白皮书》，旨在通过加大数字化和人工智能领域的投资提升欧盟数字经济竞争力。[1]

根据相关计划，欧盟的数字化战略主要立足三个方面：一是积极发展以人为本的技术，二是发展公平且具有竞争力的数

---

[1]　经济日报. 发布战略及白皮书，追赶时代发展步伐，欧盟着力提升数字经济竞争力，2020 年 2 月 24 日。

字经济，三是通过数字化塑造开放、民主和可持续的社会。该计划包括若干重要目标与愿景，包括改善关键数字基础设施，将欧盟所有家庭网速至少提升至 100 M/s，并保证企业、学校、医院及其他公共机构的网速更快；强化数字化教育，提升欧盟居民网络基础知识普及率，培养更多信息技术领域的专家；进一步消除在数字化领域的内部市场壁垒；通过信息技术和数字化降低 10% 的温室气体排放量等。

欧盟委员会指出，从数字医疗到精准农业，从自动驾驶到智慧城市，人工智能技术应用领域广泛，经济潜力巨大。但欧盟在人工智能研发和应用方面已经落后于美国和中国。世界知识产权组织最新发布的统计报告表明，目前全球超过 85% 的人工智能相关技术专利来自中美两国企业。作为欧盟数字化战略支柱之一，2020 年《欧洲人工智能白皮书》对欧盟在这一领域的发展前景做出了雄心勃勃的规划，反映了欧盟对这一关乎未来地区竞争力及经济发展繁荣的核心领域的重视程度和信心。欧盟委员会认为，目前欧盟具备成为人工智能领域领导者所需的条件，包括安全的数据系统、发达的机器人产业，以及具有竞争力的汽车、能源、医药卫生等制造业和服务业。《欧洲人工智能白皮书》指出，欧盟希望为建立一个高度发达、可信的人工智能产业创造更好的政策环境，并通过鼓励私人领域和公共投资领域的相互合作，调动价值链各环节的资源和各方积极性，加速发展人工智能。

《欧洲人工智能白皮书》特别指出，鉴于人工智能系统的复杂性及其所存在的潜在风险，提升人工智能应用的可靠性至关重要。欧盟希望通过制定更加严格的规范，特别是要在消费者保护、防止不公平商业竞争、保护个人数据隐私等方面加强立法和管理，最大限度地降低人工智能应用风险。

欧盟数字新经济发展战略聚焦的另一个重点是数据战略，其核心是建立统一的治理框架、加强数据基础设施投资、提升个体数据权利和技能，以及打造欧洲公共数据空间。欧盟委员会2020年公布的《欧洲数据战略》认为，当前少数几家领先的科技企业已经掌握了全球绝大多数数据。这种"数据垄断"不利于欧盟以数据为驱动力的相关领域的创新与发展。为了提高竞争力，欧盟将建立真正的"欧洲数据空间"，推动欧盟单一数据市场发展，提高数据应用效率，为跨行业、跨地区数据自由流动创造条件。为此，欧盟一方面要制定更严格的法律法规以及相关政策，更好地保护个人隐私数据不受侵害；另一方面要建立更加完善的基础设施，推动企业等更高效地获取和使用数据。

大力发展数字经济，同时保护客户隐私、数据安全，加强数据信任，是世界许多国家的共同愿望和所面临的难题。从2020《欧洲数据战略》和欧盟《通用数据保护条例》来看，欧盟在隐私保护方面的监管要求比美国、中国等互联网发达国家更加严苛。这其实是一把双刃剑。一方面，严苛的监管会加大欧洲本地数字企业的法律风险，限制某些互联网企业的发展机会。另一方面，严苛的监管规则也给欧盟应对外国，主要是美国互联网巨头的竞争提供了有力的法律武器。与其相呼应，欧盟也积极采取反垄断手段，频频给跨国科技巨头开出巨额罚单。欧盟的真实目的，也许是建立可以控制的数据体系，强化其技术主权和数据主权。

欧盟的数据和人工智能策略特别关注数据技术在提升农业、制造业、医疗和服务业等领域生产效率方面的作用。产业数字化、智能化，传统产业与数字技术高度融合，是欧盟数字技术发展的主要目的。作为欧盟主要成员国，德国政府早在2013年就正式推出了具有全球影响力的新经济发展战略，即著名的德国工业4.0战略，该战略旨在通过充分利用信息通信技术和网络空间虚拟系统——信息物理系统相结合的手段，将制造业向智能化转型，并以此提高德国工业的竞争力，在新一轮工业革命中占领先机。如果把产业数字化，也就是数字技术对制造业等传统产业的贡献计算在内，则德国是全球经济数字化程度最高的国家，2019年（广义）数字经济占GDP的比重高达63.4%。[①] 这一数据反映了德国以及部分其他欧盟国家在新二元经济时代，利用数据、技术等要素，促进传统有限经济

---

① 中国信通院发布的《全球数字经济新图景（2020年）——大变局下的可持续发展新动能》，2020年10月。

发展所取得的重大成就。

接下来，我们再简单介绍一下日本数字经济的发展情况。众所周知，日本的电子信息产业起步很早，在20世纪相当长一段时间，特别是20世纪八九十年代，日本半导体、电子制造行业的发展如日中天。松下、索尼、夏普、东芝等一大批日企，都是那个年代全球顶尖的企业。1986年，日本的半导体产品占世界总产量的45%，是当时世界最大的半导体生产国。1989年，日本公司占有世界存储芯片市场53%的份额，而美国仅占37%。截至1990年，全球前十大半导体厂商中，日本就占了六席，前20大中日本占了12席。然而，日本在电子制造方面的强大优势，并没有延续到数字技术革命的新浪潮中。尽管日本当下的电子半导体产业、数字技术领域在全球范围依旧占有一席之地，但与30年前的景象相比，明显逊色了很多。据知名分析机构IC Insights统计，2016年在全球前20大半导体厂商中，日本只剩下了三家。在软件、平台经济、互联网传媒、金融科技等数字技术领域，日本也没有取得特别亮眼的成就。现如今，全球市值最高的前十大科技公司和前十大互联网公司，已经难寻日本企业的身影。

日本内阁府经济社会综合研究所2020年10月发布首份关于日本数字经济测算表——《关于数字经济时代卫星调查研究报告》。报告显示2015年数字产业增加值为37.4万亿日元，占GDP的比重为7%。其中日本数字基础设施产业附加值为

30.5万亿日元，包括电子信息制造业，如电子零件/设备、通信设备和电子计算机、电信/电话业，以及软件行业占数字经济增加值总额的80%以上。余下20%的附加值约为7万亿日元，主要分布在平台公司，如谷歌、雅虎、亚马逊和日本的二手交易平台煤炉等。这些数据表明，电子制造依旧是日本数字经济的大头，平台、传媒等互联网领域增加值相对不高，而且在日本经营的大多数互联网公司其实是美国品牌，如谷歌、亚马逊等。

当然，日本内阁府对数字经济的测算是基于自己确定的狭义口径。同美国BEA一样，日本内阁府的数字经济数据基本没有涵盖数字技术对传统产业的间接贡献。如果按照中国信通院的广义口径测算数字经济和数字技术的总体贡献，则日本在2019年的数字经济规模达到2.35万亿美元，排在美国、中国、德国之后，位列世界第四。[①] 日本2019年的GDP总量约为5.1万亿美元，以此推算，日本数字经济在GDP中的占比在46%左右。

---

① 中国信通院发布的《全球数字经济新图景（2020年）——大变局下的可持续发展新动能》，2020年10月。

发展中国家的新经济以及全球数字鸿沟

发展中国家的数字经济发展水平与发达国家存在显著差距，而贫穷国家的数字化程度则非常低，形成了所谓的数字鸿沟。在产业数字化方面，发展中国家的劣势表现得更为明显。值得欣慰的是，近年来发展中国家数字经济呈现出良好的增长势头。

数字经济属于科技驱动的新经济范畴。一国的数字经济发展态势与其科技水平、数字基础设施、国民教育水平和数字技能，以及国民收入水平（收入水平对数字终端设备保有率有重要影响）等息息相关。由于发展中国家，尤其是贫穷国家在以上几个方面一般处于劣势，因此，从整体上看，发展中国家的数字经济发展水平与发达国家存在显著差距，贫穷国家数字化程度则非常低，形成了所谓的数字鸿沟。

国际电信联盟数据显示，2019 年，发达国家互联网普及率达到 86.6%，其中美国、英国、日本等国家互联网普及率超过 90%，而发展中国家则为 47%。即使是在发展中国家之间，数字化水平的差异也很大，存在数字鸿沟。2019 年，欠发达国家互联网普及率仅为 19.1%，世界上仍有将近一半的人口没有接触过互联网。[①]

具体来说，数字鸿沟主要表现为接入鸿沟、应用鸿沟、能力鸿沟这三个方面。

接入鸿沟指因为一部分人可以接入互联网，而另一部分人无法接入互联网或无法以同样便捷、快速的方式接入互联网，导致不同人群在信息的可及性层面存在较大差异。这一鸿沟更多地体现为宽带建设、网络终端设备等硬件方面的差异。举例来说，2020 年，人类已经进入 5G 时代，但是全球绝大多数国家，特别是一些贫穷弱小的国家，依旧在使用 2G（第二代手机通信技术规格）和 3G（第三代移动通信技术）网络。部分落后和偏远地区甚至无法接入网络，能够通过智能手机接入互联网的区域面积不到地球总面积的 20%。[②]

应用鸿沟指不同国家（地区）在数字技术使用的广度和深度方面存在的差异。应用鸿沟与公民受教育水平、数字技术培训服务等软条件密切相关，也与企业决策者与个人对数字应用的认知有关。2020 年 4—6 月，微软委托第三方机构对美国、英国、德国、法国、中国和日本的各大行业的企业高层决策者

---

① 中国信通院发布的《全球数字治理白皮书（2020 年）》，2020 年 12 月。
② 中国信通院发布的《全球数字经济新图景（2020 年）——大变局下的可持续发展新动能》，2020 年 10 月。

就物联网技术的使用情况进行了一轮调查，91%的受访企业是物联网技术的使用者。中国关于数字经济和物联网的推进速度和使用广度，让欠发达国家望尘莫及。图 3.4 中也充分显示了发达国家产业数字化占数字经济的比重，要远高于发展中国家和中低收入国家，说明发达国家在数字技术服务实体经济中的应用要比大多数发展中国家，尤其是中低收入国家强得多。

从理论上讲，除网络基础设施、技术能力、国民教育水平以外，一国内部产业结构也会对数字的应用和渗透产生影响。不同产业数字化转型的难度和成本差异很大。相较而言，服务业采用数字技术，进行数字化转型的成本低、难度小，因此，基本上在所有国家和地区，数字经济在服务业的渗透率显著高于农业和工业；农业的数字经济渗透率最低（如图 3.5 所示）。与发达国家比，发展中国家，特别是中低收入国家通常是农业、工业制造业在 GDP 中的占比较高，服务业发展程度较低，这在一定程度上也影响着发展中国家数字技术应用的广度，影响着数字经济在整体经济中的渗透速度和渗透率。

能力鸿沟则体现为不同群体在获取数字资源、处理数字资源、创造数字资源等方面存在的差异。能力的差异导致了数字经济对 GDP 贡献的差异。依据中国信通院《全球数字经济新图景（2020 年）》的测算数据，2019 年，按照中国信通院的（广义）口径和方法测算，发达国家数字经济占 GDP 比重为 51.3%，发展中国家平均为 26.8%，而中低收入国家只有

17.6%（如图 3.7 所示）。也就是说，发展中国家，尤其是中低收入国家与发达国家在数字经济领域中的差距，比 GDP 总量之间的差距更大。中低收入国家与发达国家在数字经济规模上的差异，几乎是 GDP 差异的 3 倍（51.3% ÷ 17.6% ≈ 2.91）。快速收窄、填补鸿沟是新二元经济时代欠发达国家缩小与发达国家经济差距的重要途径。

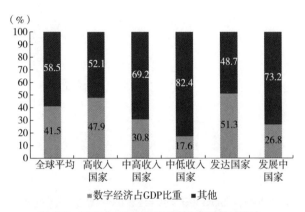

图 3.7　2019 年不同组别国家数字经济发展差异

资料来源：中国信通院发布的《全球数字经济新图景（2020 年）》。

阿里研究院也曾对 2018 年世界各国（地区）数字经济发展指数进行了研究编制，并发布了《2018 年全球数字经济发展指数》报告。报告显示，一个国家（地区）数字经济的发展指数与其人均 GDP 呈现高度的正相关关系。人均 GDP 超过 1.2 万美元的发达国家或地区，其数字经济发展指数的均值，远远高于人均 GDP 低于 1.2 万美元的国家或地区（见图 3.8）。美国是发达国家中数字经济发展水平最高的国家，数字经济发展指数高达 0.837。中国是发展中国家中数字经济发展最好的国家，数字经济发展指数为 0.718，在全球排名第二，仅次于美国，高于欧盟各国、英国、日本、韩国等发达国家。关于中国数字经济发展的具体状况和发展水平较高的原因，我们在后面还会有更多讨论。

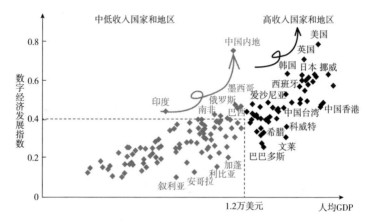

图 3.8　2018 年各国（地区）数字经济发展指数与人均 GDP 的比较

资料来源：数邦客，2020，全球数字经济现状及中国的优势与机遇，https://www.sohu.com/a/398853688_468714，2020 年 5 月 31 日。

值得欣慰的是，许多发展中国家越来越意识到数字经济发展对一国经济的重要性，越来越重视对数字经济的发展。根据中国信通院《全球数字经济新图景（2020 年）》的数据，2019 年发展中国家数字经济增速为 7.9%，中低收入国家数字经济增速更是高达 8.5%，远超发达国家 4.5% 的增长速度。塞浦路斯、泰国、保加利亚、越南等国 2019 年数字经济增速超过

10%，势头强劲。与此同时，菲律宾市场电商服务的普及率也从 2018 年的 76% 上升到 80.2%。根据数字营销企业维奥思社与加拿大社交媒体管理平台 Hootsuite 联名发布的报告，2021 年 1 月，菲律宾是使用社交平台平均时间最长的国家，与此同时，菲律宾市场电商服务的普及率也从前一年的 76% 上升到 80.2%，连续两年在电商平台普及率方面领先全球平均水平。中国是最大的发展中国家，也是数字经济发展水平最高的发展中国家。2019 年，中国数字经济增速达到 15.6%，[①] 位居世界第一。中国的某些成功因素虽难以被复制（如市场规模），但许多成功经验依旧值得其他国家，尤其是其他发展中国家借鉴。

新经济发展的中国特色

得益于正确的顶层设计、庞大的市场规模和企业创新能力的提高，中国的数字经济和战略性新兴经济发展取得了卓越的成就。过去十多年里，中国数字经济增速一直在全球名列前茅。当然，中国的新经济发展也有需要弥补的短板。

---

① 中国信通院发布的《全球数字经济新图景（2020 年）——大变局下的可持续发展新动能》，2020 年 10 月。

我们在第二章以及本章前面的内容中，陆续对中国战略性新兴经济，特别是数字经济的发展做了一些介绍。总的来说，中国战略性新兴经济发展态势良好，数字经济发展尤为迅速。中国已经成为数字经济大国，数字经济规模仅次于美国，数字经济发展速度更是独步天下。在过去十多年里，中国数字经济一直保持着两位数增长，其中 2017 年和 2018 年的同比增速甚至超过 20%，即便是在受新冠肺炎疫情冲击的 2020 年，中国数字经济依然保持了 9.7% 的高位增长，是同期名义 GDP 增速的 3.2 倍多。①

中国是一个重视顶层设计的国家，强调国家的政策引领和市场机制的有效结合。过去十年中，中国政府出台了一系列经济政策，投入了大量资金完善数字基础设施，旨在鼓励和引领中国创新经济和数字经济快速、高质量发展。

进入新常态的中国经济开始由传统要素驱动模式转为创新性全要素驱动模式。借助超大规模市场优势，中国抓住电子商务和消费、社交互联网蓬勃兴起的机遇，数字经济呈现出超高速发展态势，涌现出了一大批大型互联网企业。特别值得一提的是，在科技创新和数字经济领域，中国政府鼓励企业学习、借鉴国外的新技术、新经验、新模式，更支持企业结合国情自主创新，走中国特色道路。对于新经济的探索和发展，中国政

---

① 中国信通院发布的《中国数字经济发展白皮书（2021）》，2021 年 4 月。

府整体持开放、包容的态度，允许企业在新的前沿领域探索、试错。多数情况下，只有当企业行为偏离了正确轨道，造成较大负面影响时，政府部门才会干预、纠偏。这些做法，为中国新经济，特别是数字经济发展提供了一个相对宽松的监管环境。

抓住数字技术革命的契机，紧密结合国情，中国走出了一条独特的用户数字化—产业生态化的发展道路。中国拥有独特的数字消费者群体，不仅消费者数量庞大，而且各种数字应用渗透率也都位居世界前列，数字消费者指数全球排名第一；庞大的消费者群体，使得长尾市场的个性化需求得以规模化，各互联网公司会为了发展而不断创新，以尽力满足消费者个性化、多变的需求；中国的互联网公司采用了独特的生态战略，全场景与消费者沟通，使用社会化的方式生产产品、提供服务，数字产业生态全球排名第二；中国的总体科研水平并不突出，但是在与数字经济相关的大数据、人工智能等领域，依托海量数字化消费者的独特场景，实现了快速发展。

迄今为止，中国在数字经济领域取得的成绩无疑是辉煌的，在电子商务、移动支付、消费互联网领域，中国的成就更是亮眼的。经济数字化、网络化、智能化发展无论是在中国，还是在全球，正在如火如荼地进行着。对中国而言，服务业数字化发展前景广阔，人工智能、物联网、云计算、工业互联网、智能制造等正在加速发展，工业、农业的数字化转型蕴含着大量机会。2021年公布的《中华人民共和国国民经济和社会发展第十四个五年规划和2035年远景目标纲要》(以下简称《纲要》),将"坚持创新驱动发展,全面塑造发展新优势"和"加快数字化发展,建设数字中国"单独成篇。《纲要》指出,迎接数字时代,激活数据要素潜能,推进网络强国建设,加快建设数字经济、数字社会、数字政府,以数字化转型整体驱动生产方式、生活方式和治理方式变革。时代的发展要求我们加快数字化发展,建设数字中国。这些表述充分显示,中国政府对科技创新和数字经济发展的重视程度达到了前所未有的高度。

根据李海舰、蔡跃洲等主编的《数字经济蓝皮书:中国数字经济前沿(2021)》预测,中国未来数字经济发展非常值得期待,"十四五"期间,中国数字经济整体年均名义增速将达11.3%,随着制造业数字化转型和工业互联网建设的加速推进,一方面,数字技术对传统产业的渗透率将不断提升,产业数字化增长有着巨大空间;另一方面,产业数字化发展又将带动工业软件、工业应用程序等ICT行业的高速增长,并可能催生新兴的数字部门。

当然,中国数字经济发展也存在一些短板,需要在未来的发展中快速弥补,以保障中国的经济安全和新经济的持续发展。这些短板主要包括[①]:

第一,中国的高端芯片、工业控制软件、基础软件、核心

---

① 杨仁发.推进数字经济新发展面临的主要问题及对策.国家治理,2021年5月。

元器件等多项与数字产业相关的关键技术仍然受制于人，核心关键技术对外依存度高，导致中国企业更多注重商业模式创新，在核心技术和产品方面的原始创新能力相对较弱，制约了中国数字技术的产业化应用和推广。中国信通院发布的《2020数字中国产业发展报告（信息通信产业篇）》也指出，我国信息通信产业领域基础技术产业体系薄弱，高附加值环节"卡脖子"问题凸显，仍未根本改变核心技术受制的局面，在生产效率、创新能力、高端供给等方面依然与发达国家存在较大差距。考虑到中国目前面临的复杂国际环境，实现对这些高精技术的自主可控变得更加急迫。中国需要更多类似华为鸿蒙系统这样的高水平的进口替代品。

第二，中国电子商务和消费互联网非常发达，但数字经济和实体经济的融合度并未达到世界先进水平。与世界发达国家相比较，我国数字经济融合渗透程度还有不小差距。根据中国信通院发布的《全球数字经济新图景（2020年）——大变局下的可持续发展新动能》报告，2019年，我国农业数字经济渗透率只有8.2%，与英国的27.5%和德国的23.1%相差较大；在工业数字经济渗透率方面，我国的19.5%与德国的45.3%、英国的32.0%同样差距较大。当然，差距也说明还存在增长的潜力，说明中国数字化水平还有很大的提升空间。

第三，中国重视数字经济发展，但相关制度建设及监管并不完善。例如，企业和个人获取公共数据的渠道不畅，政企数据共享权责边界模糊，数据安全监管体系不足，这将影响企业和用户对数字经济相关产业发展的支持。由于数字经济企业间采用不同的业务框架和系统，使得数据联通、整合与共享不足，导致出现了较为严重的"数据孤岛"现象。

第四章

新二元经济中的投资和资本流动

产业结构变动发展的一般规律

　　经济发展既体现在经济规模的持续扩张，也表现为产业结构的不断改进。在经济发展的过程中，消费需求也会由低端向高端转化。技术进步不仅会提升生产效率，也会创造大量新的产品和服务来满足消费者需求，并加速产业结构调整。

　　人类经济发展的历史，就是一部经济总量持续扩张，产业结构不断改进的历史。科技进步大大加速了这一趋势。传统宏观经济学理论强调经济规模的增长，却对增长过程中经济结构的变化重视不足，不能不说是一种遗憾。

从需求端来看，随着收入和生活水平的提高，人类对单一商品和服务的需求，尤其是对生活必需品，如食品、饮料、电信服务等的需求，在达到一定水平后，其增长速度将变得非常有限，在社会总支出中所占的比重会逐渐降低。按照马斯洛需求层次理论，人类的需求可分为五个等级，由低到高分别是生理的需求、安全的需求、社交的需求、尊重的需求、自我实现的需求，而且人的需求有一个从低级向高级发展的过程。正是由于人类需求的这种规律，推动着人类的经济活动不断向前发展。在物质产品供给日益丰富的当下，满足生理和生存需求的一般性消费品需求相对饱和，经济发展的动力必然向更好地服务人类更高层次和精神层面的需求转变。这是经济结构变化的需求动力。

1978年，第一产业增加值占中国GDP的比重高达28.2%，第二产业增加值占比最高，达47.9%，显著高于第三产业的23.9%。2020年，第一产业增加值占中国GDP的比重只剩下7.7%，第二产业增加值占中国GDP的比重降至37.8%，第三产业增加值占中国GDP的比重则上升到了54.5%。作为发达国家的美国，根据2018年的数据，其第一产业增加值的比重低得可怜，只有0.8%，第三产业增加值占GDP的比重则高达80.6%。

早在19世纪，经济学家便已经发现了此类现象。当时的德国统计学家恩格尔根据统计资料发现，一个家庭的收入越低，家庭收入中（或总支出中）用来购买食物的支出所占的比例就越大。随着家庭收入的增加，家庭收入中（或总支出中）用来购买食物的支出份额则会下降。推而广之，一个国家越穷，每个国民的平均收入中（或平均支出中）用于购买食物的支出所占比例就越大。随着国家的富裕，这一比例呈下降趋势。

综上所述，需求升级既是人类需求发展的客观规律，也是产业结构不断调整的动力。然而，单有需求和愿望，产业结构不会自动发生调整。想去火星或月球旅游的探险家，尤其是那些超级富豪估计不在少数。由于目前的技术水平还无法提供该类旅游服务，因此，此类需求顶多只是人类的梦想或者叫作潜在需求。为满足人类消费欲望的不断提升，以及满足对更加美好生活的向往，人类需要不断创造出新的技术，以生产出新的更加先进、高端的产品。

从供给的角度看，人类的创造创新活动不仅提高了资源利用率和生产效率，扩大了经济活动总量，还大大提高了产品的质量，增加了产品品类，汽车、火车、计算机、手机、化妆品、医疗器械、建筑材料等越来越多。前人没有享受过的产品和服务，如视频通信、网络社交、电商购物、自动驾驶汽车、服务机器人、卫星导航等，越来越成为现如今社会大众的日常消费。科技创新不断创造出新的产品和服务，也创造出了新的需求，或把潜在需求变成了现实。这正是经济得以不断发展的真谛。如果现代人依旧像古人那样把解决温饱问题当作经济活动的根本目标，那么欧美等发达国家的经济早就失去了增长的动力。

第四次全国经济普查结果显示，自2004年首次开展全国经济普查后的15年间，特别是党的十八大以来，我国第三产业市场主体大量涌现，规模不断扩大，比重持续上升，成为带动经济增长、吸纳就业人员的主要力量。第三产业包含的内容非常广泛，如果我们对行业进一步细分，不难发现，近年来，中国第三产业内部结构也在不断升级优化。传统服务业比重有所下降，新兴生产性服务业增势强劲，满足人民群众对美好生活需求的生活性服务业蓬勃发展。

2018年末，全国共有第三产业企业法人单位1 448.8万个，比2013年末增长了164.0%。在第三产业的13个行业门类中，传统服务业中的批发和零售业有649.9万个企业法人单位，占第三产业企业法人单位的44.9%，比2013年末下降了6.4个百分点。交通运输、仓储和邮政业，住宿和餐饮业，房地产业企业法人单位数量的比重也分别下降了0.7、0.7和1.0个百分点。

以信息传输、软件和信息技术服务业为引领的新兴生产性服务业市场主体数量迅猛增长，从业人员和产业规模也大幅扩张，比重持续提升。从企业数量看，2018年末，以互联网信息技术为主的信息传输、软件和信息技术服务业有91.3万个，比

2013 年末增长了 316.2 %；科学研究和技术服务业有 119.5 万个，增长了 246.2%；租赁和商务服务业有 250.6 万个，增长了 207.5%。上述三个行业占第三产业比重比 2013 年末分别上升了 2.3、2.0 和 2.5 个百分点，在第三产业中合计占比已超三成。

从经营规模看，2018 年，信息传输、软件和信息技术服务业企业年末资产总计 15.2 万亿元，营业收入 7 万亿元，比 2013 年末分别增长了 95.5% 和 118.9%；科学研究和技术服务业法人单位年末资产总计 15.2 万亿元，营业收入总计 4.5 万亿元，比 2013 年末分别增长了 125.5% 和 96.1%；租赁和商务服务业法人单位年末资产总计 110.8 万亿元，营业收入总计 8.5 万亿元，比 2013 年末分别增长了 105.4% 和 64.1%。

与人民群众对美好生活追求密切相关的文化、体育和娱乐业，居民服务、修理和其他服务业的市场主体大量增加。截至 2018 年末，文化、体育和娱乐业企业数为 50.7 万，比 2013 年末增长了 192.5%，在第三产业中的占比为 3.5%；居民服务、修理和其他服务业企业数为 47.9 万，增长了 173.8%，占比为 3.3%（见表 4.1）。

表4.1 2018年中国第三产业企业法人单位比重情况

行业类别	单位数（万个）	占第三产业比重（%）
批发和零售业	649.9	44.9
交通运输、仓储和邮政业	57.0	3.9

行业类别	单位数（万个）	占第三产业比重（%）
住宿和餐饮业	43.1	3.0
信息传输、软件和信息技术服务业	91.3	6.3
金融业	13.7	0.9
房地产业	74.2	5.1
租赁和商务服务业	250.6	17.3
科学研究和技术服务业	119.5	8.3
水利、环境和公共设施管理业	11.6	0.8
居民服务、修理和其他服务业	47.9	3.3
教育	28.9	2.0
卫生和社会工作	10.3	0.7
文化、体育和娱乐业	50.7	3.5
总计	1 448.8	100.0

资料来源：国家统计局官网，《我国第三产业规模扩大结构优化——第四次全国经济普查系列报告之二》。

1972 年，德内拉·梅多斯、乔根·兰德斯、丹尼斯·梅多斯出版了一本在当时颇具影响力的著作，名为《增长的极限》。尽管该书对环境问题、自然资源的承载能力问题以及可持续发展理念的重视程度时至今日依旧值得我们关注，但该书对科技进步以及人类创造新要素的能力的估计似乎略显保守。生物科技、清洁能源以及数据技术的使用，大大强化了经济可持续增长的能力。低污染、低（自然）资源依赖产业的繁荣，大大拓展了经济持续发展的空间。

人们把当前进行得如火如荼的信息化、数字化、智能化技术变革称为第四次工业革命。如果说以蒸汽机为代表的第一次工业革命和以电气化为代表的第二次工业革命更多体现在生产方式的改变和生产效率的提高上，那么第四次工业革命（新技术革命）不只是对生产关系和生产力的改进，更是对生产要素的重构、拓展和对新产品、新服务的创造。新技术在让科技产品功能不断强大的同时，也越来越小型化、微型化、集成化，大大降低了资源的消耗。

例如，20世纪四五十年代出现的第一代计算机，主要特点是采用电子管作为基本电子元器件，体积大、耗电量大、寿命短、可靠性低、成本高。现代计算机不仅性能强大、耗电量小、成本极低，而且按照摩尔定律，其性能每隔两年即提升一倍。再如，当前的智能手机，几乎集电话、计算机、照相机、摄像机、收录机、电视机、导航设备等于一体，大大降低了产品的资源消耗。

人类的消费固然离不开物质类产品，如钢材、粮食、化工产品等，但也需要大量非物质类产品及服务，如数字产品、文创产品等。新技术革命使后者的发展达到了一个前所未有的高度。数字消费和文化消费在经济总量中的占比可谓直线上升。字节跳动、快手等新企业的崛起就是非常典型的例证。而且，数码相片代替胶卷相片，数字音乐和视频代替唱片与录像带，不仅大大方便了产品的传播，而且减少了对自然资源的消耗。

传统产业产能饱和与资本新出路

需求是经济增长的原动力。传统产业发展到一定阶段后，对市场需求而言，产能会逐渐饱和。资本流向也会随之改变。大量资金会涌入成长速度更快、发展机会更多的行业，尤其是新兴行业以及满足更高端需求的行业。

人类的生存性基础需求在达到一定水平后，增长速度会相对放缓，而与其相对应的高端需求则会提升，会随着经济发展而以较快的速度增长。资本是逐利的，市场机会在哪里，增长机会在哪里，更多的资本就会流向哪里，这是基本的市场规律。因此，产业结构的改变和投资结构的变化是相辅相成的。可以说，产业结构转型升级的过程，就是投资结构转型优化的过程。

从中国经济发展的历程来看，1949 年全国人口为 5.42 亿，其中农业人口为 4.84 亿，当时农业和传统手工业收入占国民收入的比例接近 90%，全国 GDP 总量为 123 亿美元，人均 GDP 只有 23 美元，人均国民收入为 16 美元，不足印度的一半。当时的中国工业基础异常薄弱，物资极度短缺。因此，发展工业、实现工业化是当时中国固定资产投资的重中之重。

1978年，中国改革开放的大幕徐徐拉开，大量的农村劳动力终于可以异地务工。在当时传统二元经济的条件下，全国9.6亿总人口中，农村人口高达7.9亿。农村为城市工业发展提供了廉价的"无限供给"劳动力。廉价劳动力不仅很好地满足了国内市场的需求，在国际市场上也形成了强大的竞争力。在此后将近30年时间里，中国制造行业吸引了大量投资。这些投资既包括国内积累的大量资金，也包括国外资本向中国的流入。在这30多年的多数年份中，中国固定资产投资规模都保持在两位数的增长水平，其中更是有不少年份固定资产投资增幅达到了20%甚至更高。中国也由此一举成为世界最大的制造业国家。

中国也是一个高储蓄率的国家。在经济实现工业化的过程中，中国的高储蓄率不仅为制造业的固定资产投资提供了充足的资金，也为基础设施建设、科技发展和服务业发展提供了大量资金。1949—2018年，全国固定资产年均增长高达15.6%。第二、第三产业（含基础设施）投资全面开花，增长速度世界罕见（见表4.2）。

2011年以后中国经济就进入了工业化后期。中国经济进入工业化后期与进入"新常态"的时间节点大体一致。基于工业化规律，在工业化后期经济体的产业结构将由以重化工行业

表4.2 2003—2019年中国固定资产投资数据

年份	全部投资（亿元）	第一产业	第二产业	第三产业	全部投资比上年增长（%）	第一产业	第二产业	第三产业
2003	45 812	535	16 628	28 649	—	—	—	—
2004	59 028	645	22 835	35 548	28.5	20.6	37.3	24.1
2005	75 095	843	31 592	42 661	27.2	30.6	38.3	20.0
2006	93 369	1 118	39 545	52 706	24.3	32.7	25.2	23.5
2007	117 464	1 460	50 814	65190	25.8	30.6	28.5	23.7
2008	148 738	2 250	64 900	81588	26.6	54.1	27.7	25.2
2009	193 920	3 356	81 991	108 573	30.4	49.1	26.3	33.1
2010	241 431	3 926	101 013	136 492	24.5	17.0	23.2	25.7
2011	302 396	6 819	132 212	163 365	23.8	25.0	27.3	21.1
2012	364 854	8 772	158 060	198 022	20.7	28.6	19.6	21.2
2013	435 747	9 109	184 549	242 090	19.4	30.6	17.2	20.8
2014	501 265	11 803	207 459	282 003	15.5	31.9	12.9	16.9
2015	551590	15 562	224 048	311 980	10.0	31.8	8.0	10.6
2016	596 501	18 838	231 826	345 837	8.1	21.1	3.5	10.9
2017	631 684	20 892	235 751	375 040	7.2	11.8	3.2	9.5
2018	635 636	22 413	237 899	375 324	5.9	12.9	6.2	5.5
2019	551 478	12 633	163 070	375 775	5.4	0.6	3.2	6.6

注：2003—2010 年为城镇固定资产投资额。2011—2019 年为固定资产投资额（不含农户），增速为可比口径。

资料来源：国家统计局。

为主导转向以技术密集型为主导，经济增速也相应地由高速增长转向中速增长，这与近年来中国经济运行所呈现出的发展新常态特征——增速趋缓、结构趋优、动力转换——基本一致，从另一个角度说明中国的确已步入工业化后期阶段。进一步地，我们基于工业化水平综合指数可知，到2020年中国会基本实现工业化，再经过10~20年的工业化深化过程，到2035年中国将全面实现工业化。

由于多年投资形成的巨大产能，在中国工业化发展的后期，部分产业供过于求的矛盾日益凸显，传统制造业产能普遍过剩，特别是钢铁、水泥、电解铝、平板玻璃等高消耗、高排放行业尤为突出。从数据来看，2000—2012年，中国固定资产投资每年均保持20%以上的增长速度。伴随传统制造业、重化工行业产能逐步饱和甚至过剩，2013年固定资产投资增速降到20%以下，随后基本是逐年下降。2015年，固定资产投资增速进一步降到10%以下，2019年，中国固定资产投资增速更是下降到5.4%左右的低位。

资本是逐利的，这是一个经济学常识。当传统产业增长空间收窄，投资机会减少，回报率降低，产业资本自然要寻找新的出路、新的机会、新的增长点。从历史经验看，境外投资、技术和产业创新都是经济发展到一定水平后资本寻求新出路的常见方式。在以智能化、数字化为标志的新经济蓬勃发展的进程中，新经济领域的新机遇自然成了大量产业资本追逐的热点。

2015 年以来，我国经济进入了一个新阶段，旧经济疲态显露，而以"互联网＋"为依托的新经济生机勃勃，中国经济的结构性分化趋于明显。为适应这种变化，中央提出了供给侧结构性改革的战略举措，明确把去落后产能，补科技创新与基础设施和公共服务设施建设短板作为重要经济任务来抓。在固定资产投资逐年下行的同时，中国的创新投资和战略性新兴产业投资却异军突起。

据相关统计数据，2016 年战略性新兴产业企业数量达168.54 万，从业人数达 2 295.91 万。2018 年，新兴产业投资继续保持较快增长态势，其中高技术制造业投资同比增长 16.1%，远远高于同期制造业投资的平均增速。再来看资本市场，2020年 A 股市场 620 家 IPO（首次公开募股）上会企业分布在 53 个行业中。其中，计算机、通信和其他电子设备制造业，表现最为突出，有 86 家企业上会；专用设备制造业排名第二，有 68家企业上会；排在第三位的是软件和信息技术服务业，有 50 家企业上会。前三大行业的企业数占了所有上会企业数的近 1/3。这些行业都是与无限供给产品或无限供给要素密切相关的战略性新兴行业。这些行业在中国资本市场上的耀眼表现，从一个侧面反映了中国投资资金不断流向新兴行业的新趋势、新动态。

研发是技术创新的前提，是企业技术资本积累的关键手段，是中国经济转型升级的基本保障。重视研发投入成为近年来中国经济发展的亮点之一。2014 年中国研发经费投入强度

（研发投入与 GDP 之比）首次突破 2%。2018 年，全国共投入 R&D 经费近 1.97 万亿元，同比增长 11.8%；研发经费投入强度为 2.14%。2019 年，全国共投入 R&D 经费 2.21 万亿元，增长 12.5%；研发经费投入强度提高至 2.23%。很显然，尽管中国固定资产投资增速在 2018 年和 2019 年都在 6% 以内，但研发投入增速却保持在两位数。

"十三五"期间，中国已经成为全球第二大研发投入和知识产出国。LED（发光二极管）、光伏、风电、消费级无人机、5G、移动支付、互联网应用等产业化规模领跑全球，工业机器人、新能源汽车、光电子器件、人工智能等新兴产品高速增长，钻井平台、载人深潜、高档机床、风电、智能制造等高端装备制造业技术达到国际先进水平。科技创新对经济增长的贡献程度不断提高，2018 年科技进步贡献率达到 58.5%，2019 年科技进步贡献率达到 59.5%。

无论是从中国还是从全球范围看，上市公司中市值最高的公司大多来自新经济产业。在未上市的独角兽企业中，新经济企业和高科技企业更是占了绝大多数。全球知名创投研究机构 CB Insights 的统计数据显示，截至 2019 年 12 月 31 日，全球独角兽企业总数达到 436 家，美国、中国（包括中国香港）各有 214 家和 107 家。从行业分布来看，独角兽企业数量分布前三的行业为金融科技、电子商务和网络软件与服务，分别为 61 家、56 家、52 家；人工智能和医疗健康领域的独角兽企业数量也在快速增加，分别为 46 家和 32 家。这些数据有力地说明了新经济领域巨大的资本回报潜力和创富能力。很自然，回报潜力越大的行业，对资本的吸引力也会越强。

中国建设银行的经济学家黄志凌在《探寻中国经济结构变化趋势与投资机遇》一文中，对中国经济结构转型变化的趋势进行了梳理和总结，同样肯定了中国经济结构正在发生的积极变化：高新技术行业、高端制造业快速发展；低端制造业、高污染行业低速增长甚至负增长。这既对经济转型升级、提质增效具有积极作用，也符合经济结构从工业社会向后工业社会转型的规律。

知识资本的投资和创造

技术、创意、数据是新经济时代的重要生产要素，统属于知识资本范畴。与机器设备等传统物质资本的积累一样，知识资本积累也需要大量资金和人力资本的投入。

产业发展与升级的历史和技术的发展进步息息相关。知识和技术不仅带来了生产效率的提升，也在不断创造新的产业，使得产业结构不断调整变化。一般而言，产业越高端，就越离不开知识和技术的支撑。

农业生产靠土地，工业（制造业）生产靠机器，新经济产业生产靠什么？答案是，主要靠知识资本。所谓知识资本是指能够转化为市场价值的知识，是能够给企业带来利润的所有知识和技能。技术和数据是新经济产业的核心生产要素，当属知识资本的重要组成部分。

有关知识资本的概念，我们或许可以追溯到管理学大师彼得·德鲁克在 1954 年出版的《管理的实践》。在这本书中，德鲁克认为个人不再是没有思考能力，只会机械地去完成指定工作的工具，而是一种独立的、切实行使职责的力量。在他看来，知识既是一种力量又具有所有权。在 1992 年出版的《管理未来》一书中，德鲁克进一步发展了自己的思想。他在书中写道："从现在开始，最关键的是知识。这个世界将会变得不再是劳动力密集型，也不是材料密集型或是能源密集型，而是知识密集型。"

信息时代，知识资本成为经济的先锋。人们越来越意识到招募、培养、挽留有知识、有创新能力的人才是企业保持竞争力的关键。知识资本也成为现代企业管理的一种流行提法。美国《财富》杂志编辑托马斯·A. 斯图尔特在 1997 年出版的《"软"资本——从知识到智力资本》一书中对这种管理现象做出了清晰而有力的解读。早在 1991 年 6 月 3 日的《财富》杂志中，他就曾提出知识资本已经成为美国最重要的资产。他还论证了知识资本是企业、组织和一个国家最有价值的资产。知识资本虽然以潜在的方式存在，人们无法触摸，但它却是能够使人变得富有的东西。

因为知识资本非常重要，所以我们还要面对以下问题：如何衡量知识资本？如何确定衡量方法？在埃德文森和沙利文看来，知识资本的价值是企业真正的市场价值与账面价值之间的差额。如果以此方法度量企业知识资本的价值，则知识资本价值最高的几乎清一色是新经济企业，如微软、谷歌、脸书、亚马逊、特斯拉、腾讯、字节跳动等。传统制造业、服务业以及资源性行业在知识资本积累方面则显得有些惨淡，如通用汽车、中国石油、中国工商银行、中国国际航空公司等传统大型企业的知识资本在其总市值中的占比并不高。这些案例足以说明知识资本在新经济发展中的核心地位。

同机器设备等传统物质资本的积累一样，知识资本的积累也需要大量的资金投入。企业研发活动投入就是企业知识资本积累的重要渠道。企业也可以通过购买技术、专利或收购、兼并来扩充知识资本。

商业性的投入当然需要有回报。因此，企业知识资本的投资和传统物质资本、固定资产投资一样，也需要符合基本的商业规律。利用金融学的专业术语，知识资本投入的净现值（NPV）应该大于0。从这个意义上讲，企业一般不会去投资无法在可以预见的将来带来经济利益的知识，比如黑洞、外星人等。这些不计经济效果的基础性研究多是政府和学术机构的专利。[①]

值得一提的是，知识资本的积累比物质资本的投资要复杂得多，不确定性也要高很多。机器设备、土地房产大多明码标价，花多少钱能买到什么，投资人大致心中有数。而知识积累往往是人类创造性的活动，钱花出去以后，结果能到什么程度，事前很难把握。此外，知识资本的创造和积累固然与资金有关，但更与企业的人才结构和知识结构有关。没有合适的人才团队和知识储备，再多的资金也难以创造出新的知识资本。

与物质资本不同的是，知识资本一旦拥有，其使用不会有损耗和折旧，而且可以无限次重复使用。换句话说，从微观层面看，知识资本的供给是无限的。从某种意义上讲，物质资本的多寡，决定了企业的产能，即产量；知识资本的多寡则决定着企业能生产出什么样的产品以及什么质量的产品。

知识资本的价值在于其所能生产的产品的重要性及该类产品的市场空间。由于知识资本具有无限供给属性，因此，其所能生产的产品（或提供的服务）的市场空间越大，知识资本的价值也就越高。由此，企业对需求量大、市场空间大的产品通常也会更有研发热情，更愿意为相关知识资本创造投入资金。

---

① 马斯克的火星探测和移民计划有点特立独行，这里面有个人爱好成分，也可能有商业利益考虑。

一个基本事实是，绝大多数私募股权投资基金在考察被投资的项目时，都会把项目的市场空间作为一项重要的考量指标。英语翻译系统易找，而泰语、乌尔都语的翻译系统则难寻，就是一个很好的例子。

教育和科研活动是知识资本积累的重要社会环境基础，企业的研发投入是知识资本积累的市场力量。政府、学术机构和企业在知识资本的创造中均扮演着十分重要的角色，共同推动着科技和经济的繁荣。

随着中国经济实力和科技实力的增强，再加上数字化和智能化"风向"的出现，知识资本在中国经济发展中的重要性日益凸显。中国"十四五"规划更是把创新放在经济工作的首要位置，知识资本将会更快地增长，成为中国经济转型升级和高质量发展的最重要驱动力。

市场规模对新经济投资的影响

就无限供给产品而言，由于产品可以满足任意规模的市场需求而无须增加生产成本，市场规模越大，产品越有利可图，企业投资该产品的积极性也越高。市场规模对新经济领域投资起着决定性作用。

技术、数字、知识类要素和产品是无限供给的，一旦拥有，便可无限使用。无限供给要素的创造或无限供给产品的生产通常有较高的初始成本，却几乎没有边际成本。显而易见，对于这类产品，市场规模越大，企业越有利可图。如果潜在用户数量太少，除非产品能卖出极高的价格，否则企业甚至可能无法收回前期的研发投入。反之，如果市场规模庞大，即便企业制定很低的单价，也可赚取巨额利润。举例来说，如果某培训企业有 1 000 万名会员，每人只收取 10 元，企业即可获得 1 亿元收入。如果只有 10 名会员，那么即便每人收取 1 万元，也只能为企业带来 10 万元的收入。

上述分析隐含着一个重要的经济学道理，或称为推论：前期投入很大，但目标客户人群很少或市场规模很小的产品，如果无法定很高的价格，财务上就没有可行性，企业也就不愿意投入；如果市场足够大，即便初始投入很高，企业也会乐此不疲。

举例来说，如果某款数字产品，比如应用软件，预计研发和各种前期推广费用为 10 亿元，潜在用户占市场上总人口的 10%，每位用户贡献的利润按现值计算为 600 元，则很显然，若一个市场上的总人数只有 1 000 万，那么投资研发该产品的净现值将为 −4 亿元；如果市场上人口规模达到 1 亿，那么投资研发该产品的净现值则为 50 亿元；如果人口规模达到 10 亿，则投资该产品的净现值将高达 590 亿元。很明显，如果市场太小，企业不会去投资这种产品，潜在用户也就没有机会享受这款产品带来的利益。相应地，如果用户数量庞大，企业会加大对该产品的研发力度。

依据上述分析，对于相对封闭的经济体，市场容量越大，则其无限供给要素和产品发展速度越快，种类越多；同时，提供无限供给要素和产品的新经济企业通常发展机会越多，营收规模、盈利能力和公司价值也越高。

从现实情况来看，大型的新经济企业，特别是互联网企业，如谷歌、脸书、推特、亚马逊、腾讯、阿里巴巴、字节跳动、美团等，要么是美国公司，要么来自中国。美国本身人口众多，市场规模庞大，再加上美国在科技、文化等领域的巨大影响力，美国公司在美国站稳脚跟以后，可以非常方便地向其他国家，尤其是欧洲国家和加拿大扩张。因此，美国成了科技企业和数字企业创业的天堂。中国在语言、文化、制度等方面的独特性，使得海外的数字经济企业在中国难以取得明显优势，而中国自身人口众多，市场规模庞大，近年来的科技发展迅速，给国内新经济企业的发展提供了得天独厚的条件。

也许有人会说，互联网是最全球化、最没有地域概念的经济业态。从技术上讲，此话不虚，但从文化、制度、法律和运营的角度讲，情况就大为不同。一家在没有强大全球影响力的小国家发展起来的互联网公司，要想把业务扩展到全球，即便有可能，在推广、资金等方面遭遇的困难和挑战也会是巨大的。因此，大国和小国，强国和弱国，在新经济领域发展水平上的差距，在未来一段时间也许会越拉越大，而不是快速缩小。

近年来，中国在互联网技术的应用方面取得了骄人的成绩，但在原创核心技术方面，中国与世界上一些走在科技前沿的国家相比，差距还很明显。中国目前有良好的政策环境，有巨大的市场规模和市场优势，值得更多资金流向顶级技术研发领域，推动新经济进一步发展。

第五章

·

新二元经济与资产无形化发展

技术和数字：新要素崛起

生产要素的构成也在随着经济的发展发生着改变。新经济时代，技术和数据在推动经济发展中扮演了极其重要的角色，成为新时代生产要素的中流砥柱。

生产要素是人类进行经济生产活动所必需的一切资源，包括人的要素、物的要素、技术要素及其结合因素。各种生产要素的结合，尤其是劳动者与生产资料的结合，是人类进行社会劳动生产必备的条件，没有它们的结合，就没有社会生产劳动。

由于生产条件及其结合方式存在的差异，社会被区分成不同的经济结构和发展阶段。在社会经济发展的历史过程中，生产要素的内涵日益丰富，不断有新的生产要素（如现代技术、管理、信息、知识等）进入生产过程，在现代化大生产中发挥着重大作用。生产要素的结合方式也将发生变化，而生产力越发达，这些因素的作用就越大。

生产要素包括劳动、资本、土地和企业家才能四大类，但长期以来我们只强调劳动在价值创造和财富生产中的作用，而其他生产要素的作用及其对国民收入的贡献要么被忽视，要么重视程度不够，因此我们一直只强调劳动参与收入分配的问题。而按生产要素分配，就是要在继续凸显劳动作用的同时，给资本、技术和管理等生产要素以足够的重视，使它们可以合理、合法地得到回报。这其中特别要强调两种要素的作用和回报。

从人类经济发展的历史过程看，不同历史阶段具有不同的、具体的生产要素，而且各个历史阶段的生产要素还处在不断再生、分化的过程中。一些在先前的生产组合中起过重要作用的生产要素，在往后的生产组合中其作用有可能逐渐减弱，甚至变得没有多大作用；一些在先前的生产组合中只是依附于或包含在一些原始要素之中，并不具有独立性的东西，却可能在往后的生产组合中从原始要素中分离或演变出来，成为一种独立的生产要素，甚至上升为最有影响力或最具决定性的要素。

农耕时代，土地和劳动力是最重要的生产要素，所以威廉·配第在 1662 年其首次出版的《赋税论》一书中，提出"劳动是财富之父，土地是财富之母"这一著名论断。18世纪60年代工业革命以后，社会化工业大生产的快速兴起，机器设备等资本要素在经济生产活动中的地位日益凸显。在此后长达200多年的时间里，土地、资本、劳动力一直被视为经济生产活动中最为核心的要素。其中劳动力是人的要素，而资本和土地则是物的要素。在这些物的要素中，土地以及构成资本的厂房、设备大都具有具体的物理形态，因此，也被称为有形资产。在工业社会化大生产时代，资本要素，即资金和机器设备等成为重要的生产要素类型，甚至成为企业发展和经济增长的先决条件。

在以数字化、智能化为主要特征的新经济时代，技术、数据、创意等资源在经济生产活动中的重要性不断提高，成为新经济时代的核心生产要素。对谷歌、百度、腾讯、字节跳动等新经济企业而言，技术和数据这类要素在企业运营中扮演的角色远比厂房、设备这些传统有形资产重要。

技术是生产力其实早已成为人类共识。但由于其通常与机器设备、劳动工具和劳动者结合在一起发挥作用，在相当长的历史时期内，学界、政界、商界较少将其视为一种独立的生产要素。我们在此将新兴技术作为一种独立的生产要素加以强调，主要目的是彰显新技术及其快速迭代、快速进步在新经济发展中的突出地位。数据在经济生产过程中发挥出如此全面和重要的作用，则是新经济时代的新现象。按照中国信通院《数据价值化与数据要素市场发展报告（2021年）》的观点，农业经济的主要生产要素是技术、土地、劳动力；工业经济的主要生产要素是技术、土地、劳动力和资本；数字经济时代的主要生产要素则为新技术、土地、新劳动力、资本和数据。

在新经济蓬勃发展的大潮中，政务大数据、商业大数据、医疗大数据、教育大数据、科学大数据等多领域的数据资源不断丰富，在企业运营、经济发展、政务管理、人民生活中扮演的角色日益重要。中国共产党第十九届中央委员会第四次全体会议通过的《中共中央关于坚持和完善中国特色社会主义制度推进国家治理体系和治理能力现代化若干重大问题的决定》将数据视为国家基础战略性资源，首次在正式文件中提及数据可作为生产要素按贡献参与分配。2020 年 4 月 9 日，中共中央、国务院发布了中国第一份关于要素市场化配置的文件——《关于构建更加完善的要素市场化配置体制机制的意见》，并正式将技术和数据资源作为新型生产要素写入其中。

本书第二章曾经提到，近年来中国数据资产的增长速度非常快。中国"数据圈"的规模在 2018 年时约为 7.6 ZB，占全球总量的 23.4%，到 2025 年时规模预计可达 48.6 ZB，成为全球最大"数据圈"，占全球总量的 27.8%，年复合增速达 30%。这一增长速度远超世界上任何一个国家经济最佳时期的年复合增长速度。

数字广泛应用并成为一种重要的生产要素，对人类的生产和生活产生重大革命性的影响，是新经济时代的崭新现象，是人类历史上的第一次，是人类科技和经济发展的新的里程碑。

技术本身不是一个新生事物。自人类开展经济活动以来，技术总是在不断进步的。但是，从原始社会到奴隶社会再到封建社会，在漫长的人类发展早期历史中，技术水平的提高整体来说是非常缓慢的。18世纪60年代，从英国发起的，以珍妮纺织机及瓦特蒸汽机为标志的技术革命，是技术发展史上的一次重大革命，它开启了以机器代替手工劳动的时代。这不仅是一次技术改革，更是一场深刻的社会变革。1848年，马克思和恩格斯在《共产党宣言》中描述第一次工业革命或称技术革命的影响时提到："资产阶级在它的不到一百年的阶级统治中所创造的生产力，比过去一切时代创造的全部生产力还要多，还要大。"

19世纪60年代至20世纪初，在德国和美国发生了以电能的突破、应用以及内燃机的出现为标志的，世界近代史上的第二次工业革命（即技术革命）。这次工业革命以自然科学空前活跃，取得重大突破并被应用于工业生产为主要特征。法拉第的电磁感应定律、麦克斯韦的电磁场理论、焦耳关于热力学方面的理论等，一系列划时代的科学突破，为技术发明提供了坚实的科学基础，并被迅速应用于改造生产力。

信息和数字技术的突破是新经济时代的重要特点，然而新经济时代，人类不仅在信息技术及其使用方面取得了飞速发展，而且在许多其他重要领域也取得了重大技术突破。新的技术不断出现，从航空航天、新型材料、清洁能源、生物技术，到人工智能、机器人技术、虚拟现实、量子信息技术等各大核心领域。和以往的技术革命相比，新的技术革命的范围更广泛，技术更新迭代的频率更是高出很多。

人类近代史上的第一次和第二次工业革命，与中国无缘。中国连一个旁观者都算不上，甚至在一定程度上是西方工业革命的受害者。西方列强正是利用科技进步创造的经济实力和军事实力对中国展开了大肆掠夺。然而，在新一轮工业革命浪潮中，中国不仅是一个积极的参与者，甚至与美国、欧盟、日本等发达国家和地区站在同一起跑线上；在数字技术领域，中国数字经济发展水平甚至超越了部分传统发达国家。中国在新一轮工业革命中的发展和创新势头，从近年的年度专利申请数量上略见一斑（见图5.1）。横向比较，中国已经成为全球最大的

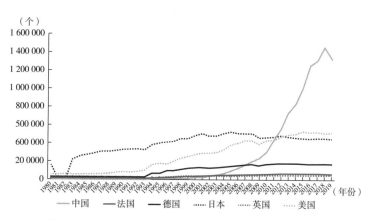

图 5.1 1980—2019 年中国和部分发达国家年度申请专利数量

资料来源：世界知识产权组织知识产权统计数据中心。

专利申请国，数量远超其他国家；纵向来看，中国现在的年专利申请数量，比 20 世纪历年专利申请总量还要多得多。数字和技术要素的快速积累，为中国经济可持续、高质量发展创造了良好的条件。

资产无形化大趋势

新经济企业，特别是无限供给产品生产企业更多依靠技术和数据等无形生产要素从事生产经营活动，扩充产能也无须投入大量厂房、设备等有形资产，并因此引发了新经济的资产无形化大趋势。

按照会计学的定义，资产是指企业过去的交易或事项形成的，由企业拥有或控制的，预期会给企业带来经济利益的资源。据此定义，资产是企业赖以从事生产运营的各种资源的总和，有着非常丰富的内涵。资产的形态和构成因行业、技术能力、商业模式的不同而迥异。从社会经济整体情况看，人类近几百年经济发展和技术进步的历史，就是一部资产结构不断调整、升级的历史。

农耕时代，农场主最重要的资产是土地，外加耕牛或马匹等劳动资料；工业化早期，多数企业其实只是加工产品的工厂，很少拥有独特的先进技术，厂房、设备、矿藏是企业最重要的资产；工业化鼎盛时期，技术的重要性日益彰显；而新经济时代，新技术、新工艺、新创意以及数字资源则成了许多企业的核心资产。

数字、技术、品牌、工艺等，由于没有具体的实物形态，因此常被冠以无形资产的名称。无形资产越来越"重"，而有形资产越来越"轻"，是新经济产业的重要特点和发展趋势。从某种意义上来说，"轻资产"模式，即更多倚重无形资产运营的企业，已经成了新经济企业，尤其是数字经济企业、互联网企业普遍使用的标签。

《无限供给：数字时代的新经济》一书中指出，由于无限供给产品的生产主要依靠技术和数据，企业的规模取决于需求量，因此，企业规模不再受产能束缚。企业无须像传统制造企业那样通过持续投入大量的土地、厂房、设备等固定资产（有形资产）来扩充产能。这是新经济企业资产"偏轻"的主要原因。其实所谓轻资产模式，轻的是厂房、设备等有形资产。严格意义上讲，新经济企业，无论是微软、谷歌、腾讯、字节跳动、苹果，还是特斯拉，都是资产无形化企业。无形资产是这些企业最有价值的资产，是它们的核心竞争力所在。

与有形资产相比，无形资产有许多重要特点。第一，专有性或称作垄断性。无形资产具有明显的排他性、专有性，而且是受法律保护的。无形资产除了受到法律保护，资产的实际控制人还可以通过商业秘密、专有技术、合同条款、许可协议等形式，约定无形资产在使用过程中的保密事项。第二，独特性。有形资产可以是独特的，更可以是同质的，如相同的设备、相同的钢材，或相同的标准化厂房等。无形资产一般拥有鲜明的个性特征，如专利权、商标权、著作权等，不可能是一样的。第三，不确定性。无形资产往往与其他有形资产结合在一起使用，因此难以独立衡量无形资产的使用效果。而且无形资产的先进性以及市场接受程度因新技术和商业环境的变化而不断改变，因此，无形资产的收益不确定性一般较高。举例来说，一项新的技术发明究竟能有多大市场价值，受很多因素影响。在技术处于领先状态时，价值可以很大，而一旦被更先进的技术替代，则其价值可能一落千丈。土地、房产、设备的价格波动，一般不会如此剧烈。

尽管无形资产没有具体的物理形态，许多时候还需要与有形资产结合使用，但其重要性却越来越突出。前面我们曾经谈到，新经济中的许多企业，尤其是像微软、苹果、谷歌、脸书、特斯拉、英特尔、腾讯、字节跳动、百度、华为这样的龙头企业，主要是靠知识资本，也就是无形资产取得了现在的辉煌成就。如今，企业家或商界精英的热点话题都是核心竞争力。新经济时代的核心竞争力来自何方，答案是数字或技术等无形资产。通过厂房、设备等大量资本投入，企业可以做大，但企业如要做强，大都离不开大量无形资产的支撑。

目前中国或者全世界有多少无形资产？这个数据恐怕不好估计。[①] 主要原因是无形资产大多是企业自创，通过市场交易获得的，比例不高，因此难以获取其准确的市场价值数据。而土地、厂房、设备等因为多是通过市场交易购得，因此市场价值相对容易获取。但是，近年来中国企业研发支出大幅度增长（见图 5.2），专利申请数和授权数出现井喷式增长，新经济创业企业数量快速增加、文化创意相关企业发展欣欣向荣（见图 5.3），却是有目共睹的事实，这从不同侧面反映了无形资产在中国的超高速增长，反映了无形资产在中国经济发展中日益重要的地位。

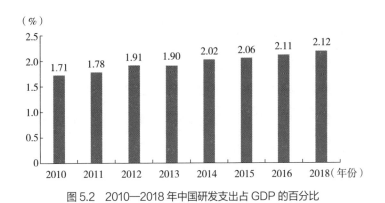

（%）

图 5.2　2010—2018 年中国研发支出占 GDP 的百分比

资料来源：世界银行。

———————

① 曹景林 . 无形资产统计 . 上海：复旦大学出版社，2006。

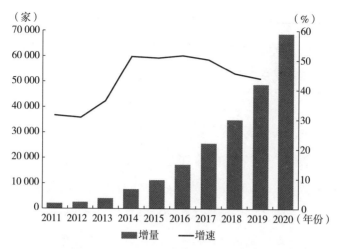

图 5.3　2010—2020 年文化创意相关企业年注册增量及增速

资料来源：天眼查。

无形资产的大规模兴起，不仅在微观层面对相关企业有巨大的商业价值，而且在宏观层面也有极其重大的社会意义。原因如下。

首先，有形资产，尤其是土地、厂房、机器设备，占用或消耗的是环境承载量有限的自然资源。这些资源的过度使用，必然带来对环境的破坏或资源的枯竭。无形资产是人类创造的资源，当然不会带来生态问题，因此不必有资源耗竭的担忧。

其次，无形资产一旦产生，不会因使用而消耗，是无限供给的。无限供给的属性意味着无形资产的使用不会产生额外的成本。因此，无形资产的大量增加通常会让消费者享受到更物美价廉，更丰富多样的产品和服务。举例说来，现在中国和世界许多其他地区的人们大多能用上智能手机，并享受各种资讯、娱乐、社交、购物、支付等便捷、廉价甚至免费的移动互联网服务，就是众多企业创造和积累大量无形资产所取得的重大成就。

最后，从会计学角度看，企业拥有或掌控着的知识、技术、工艺、数据、著作权等被视作企业的无形资产。一旦过了法律保护期限，这些知识、技术、数据便不再被企业独享，会变成人类所共有的巨大的物质和精神财富，例如蒸汽机技术、发电技术、数码照相技术、无线通信技术等，却依旧对当今的经济活动和民众生活产生着十分巨大的影响。就如亚当·斯密在《国富论》中所说的那样，人们在追求私利的时候，会在一只"看不见的手"的指引下实现增进社会福利的目的。企业为了竞争的需要创造并积累无形资产，最终改善的是全人类的福祉。

数据资产

数据是数字经济的核心要素，包括生产型数据和加工型数据两个主要大类。以数据资产为核心的商业模式正在蓬勃发展。随着消费互联网的日渐成熟，工业互联网正在兴起。工业大数据是工业互联网发展的基础。

维克托·迈尔-舍恩伯格在《大数据时代》中曾经提到："虽然数据还没有被列入企业的资产负债表，但这只是一个时间问题。"实质重于形式，虽然数据尚无法正式作为资产在企业财务报表中加以确认，但数据在新经济时代具有显著的（无形）资产属性，并能为众多企业带来不菲的经济收益是毋庸置疑的。

对企业而言，并不是所有的数据都是资产，只有可控制、可变现、能带来经济收益的数据才可能成为资产。其中，实现数据资产的可变现属性，体现数据价值的过程，即称为数据资产化。

目前，数据的所有权问题还没有非常明确的界定。包括中国在内，数据资产的权属认定和交易安排还在推进当中。从目前的商业实践来看，按数据来源和企业控制力度来分，数据可以分为如下两大类：

一类是生产型数据。例如谷歌、百度等搜索引擎公司对使用其搜索引擎的用户进行各种行为收集、整理和分析；携程、滴滴等出行订票平台对用户的订票、出行数据进行收集整理；腾讯和脸书等社交平台对用户社交数据进行收集整理；支付宝、微信支付等支付平台对用户支付数据进行收集整理；医院则拥有病患的体检和诊疗数据等。这些数据来源于用户，但至少到目前为止，控制权和使用权却在企业手中，企业可以自由地、最大限度地发挥其商业价值。

另一类是加工型数据。企业对合法取得的原始生产型数据进行再加工与提炼，使之成为有特殊使用价值的数据。如果数据的使用权合法或经过官方授权，则成为企业的数据资产。例如，证券研究机构收集上市公司信息披露材料及二级市场交易数据，再将其加工成对上市公司进行投资评价的数据；或征信、信用评级机构通过合法手段获取的企业和个人的财务数据、负债情况、履约记录来编制企业（个人）信用评级（征信报告）。

以数据资产为核心的商业模式主要有租售数据模式、租售信息模式、数据媒体模式、数据赋能模式、数据空间运营模式和大数据技术模式六种。

租售数据模式，主要是出售或出租原始数据。租售信息模式，则是出售或者出租经过整合、提炼、萃取的信息。数字媒体模式则是数字媒体运营商利用数据进行精准营销。数据赋能模式，即企业通过数据挖掘及分析，拓展新业务，或提高原有业务运营效率。数据空间运营模式主要是出租数据存储空间。大数据技术模式则是针对某类大数据提供专有技术。数据赋能是当下各行各业普遍关注的一个话题，也是数据价值的重要体现。例如：各大电商平台都拥有丰富的客户数据，基于客户位置信息、购买习惯、信息检索等丰富的数据，为每位客户打上人口统计学特征、消费行为和兴趣爱好的标签，并借助数据挖掘技术进行客户分群，完善客户画像，以帮助电商更深入地了解客户行为偏好和需求特征。

数据资产化之后，企业内的信息科技部门将从原来的成本中心（或称服务职能部门）变成利润中心，直接产生盈利和现金流。未来数据资产会渐渐成为企业的战略资产，渗透各个行业。拥有数据资源的存量、价值，以及对其分析、挖掘的能力，会极大提升企业的核心竞争力。数据资产化将深刻影响产业结构。同时，数据所有权和其产生的利益分配问题将会越来越深化，以数据资产为核心的商业模式将会越来越受青睐。

毫不夸张地说，没有对数据的收集和深度使用，美团、字节跳动、腾讯、百度、京东、脸书、谷歌等企业就不会有今天的辉煌。在这些新经济的代表企业中，如果说技术和商业模式创新是基础，那么数据则是能源。正是数据在驱动这些企业发展，帮助企业获取源源不断的直接收入和衍生收入。[①]

随着消费互联网的日渐成熟，工业互联网正在兴起。作为推动新一代信息技术与制造业融合的载体，工业互联网平台助力制造业转型升级日益成为全球共识。工业互联网是制造业数字化、网络化和智能化发展的基础。通过全面连接设备、软件、人员等各类生产要素实现与互联网的对接（IoE）；基于海量的工业数据分析，形成智能化的生产与运营决策；通过平台数据和功能的对外开放，支持开发者开展工业应用程序创新；实现各类制造资源的优化配置，重构生产组织模式和制造方式。

---

① 关于衍生收入的讨论请参见《无限供给：数字时代的新经济》一书。

工业大数据是工业互联网实现工业要素互联的核心要素和基础，而云计算技术则是对广泛、分散、大量的工业大数据进行采集、聚合、处理、分析的关键技术。

工业大数据除具有一般大数据的 4V 特征（数据容量大、多样、快速和价值密度低）外，还具有时序性、强关联性、准确性、闭环性等特征。

数据容量大：数据的大小决定其价值和潜在的信息；工业数据体量比较大，大量机器设备的高频数据和互联网数据的持续涌入，将使大型工业企业的数据集达到 PB 级甚至 EB 级。

多样：指数据的类型多样、来源广泛；工业数据分布广泛，分布于供应链、机器设备、工业产品、管理系统等各个环节，并且结构复杂，既有结构化和半结构化的传感数据，也有非结构化数据。

快速：指获得和处理数据的速度。工业数据处理速度需求多样，要求生产现场分析时限达到毫秒级，管理与决策应用需要支持交互式或批量数据分析。

价值密度低：工业大数据更强调用户价值驱动和数据本身的可用性，包括提升创新能力和生产经营效率，及促进个性化定制、服务化转型等智能制造新模式变革。

时序性：工业大数据具有较强的时序性，如订单、设备状态数据等。

强关联性：一方面，产品生命周期同一阶段的数据具有强关联性，如产品零部件组成、工况、设备状态、维修情况、零部件补充采购等；另一方面，产品生命周期的研发设计、生产、服务等不同环节的数据之间需要进行关联。

准确性：主要指数据的真实性、完整性和可靠性，更加关注数据质量，以及处理、分析技术和方法的可靠性。对数据分析的置信度要求较高，仅依靠统计相关性的分析不足以支撑故障诊断、预测预警等工业应用，需要将物理模型与数据模型相结合，挖掘因果关系。

闭环性：包括产品全生命周期横向过程中数据链条的封闭和关联，以及在智能制造纵向数据采集和处理过程中，需要支撑状态感知、分析、反馈、控制等闭环场景下的动态持续调整和优化。

随着大数据行业的发展，工业数据收集呈现时间不断延长、数据范围不断扩大、数据粒度不断细化的趋势。以上三个维度的变化使得企业所积累的数据量以加速度的方式增加。[1]

从图 5.4 中可以看出，尽管工业大数据还处于发展的早期阶段，整体规模不算很大，但增长十分迅速。近几年的年度增长率始终保持在 20% 以上，而且呈现出加速增长的态势。2018 年中国工业大数据规模达到 114.2 亿元，同比增长22.3%。

---

[1]　中国控制工程网. 2018 年工业大数据行业市场现状与竞争格局分析. 2019 年11 月 21 日。

设备故障诊断、生产过程可视化、生产力流程优化是工业大数据中的前三大产品。在 2018 年中国工业大数据产品中，设备故障诊断、生产过程可视化和生产力流程优化占主要份额，比例分别达到 29.0%、27.1% 和 21.3%，如图 5.5 所示。

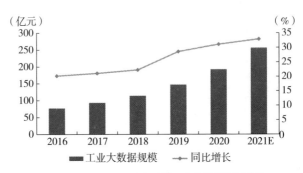

图 5.4　2016—2021 年中国工业大数据增长情况

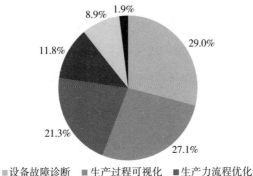

图 5.5　2018 年中国工业大数据产品结构

除了消费大数据和工业大数据，社会管理、安全管理和政务管理中大数据的价值和作用同样不可小觑。2020 年新冠肺炎疫情的暴发，使数据和移动通信的威力得以展现。中国的卫生防疫部门通过移动通信工具、出行数据、核酸检测数据等对社会大众感染新冠病毒的风险进行分类（绿码、黄码、红码），同时利用大数据以调查摸排的方式对新冠病毒感染者的密切接触者进行追踪，取得了卓越的成效，在中国新冠肺炎疫情防控中立下了汗马功劳。

综上所述，数据作为新的资产类型，其价值和重要性正日益彰显。在传统产业和人们的传统认知中，具有较高价值的资产通常也有较高的获取成本或生产成本。数据资产则比较另类。随着数字处理和存储技术的飞速发展，许多有价值的数据其生产、处理成本其实并不一定很高。例如，前面谈到的生产型数据，很可能只是在企业运营过程中产出的"副产品"。举例来说，滴滴出行在运营过程中，自然就能获得乘客的数据；银行、支付宝在提供金融服务的同时，也必然会得到客户的相关业务数据。

创意资产和著作权

创意经济是新经济的重要组成部分。创意资产和著作权作为知识资本的一部分，近年来增长迅猛。

创意产品和著作权并不是一个崭新的概念。文学作品、广播影视作品、动漫形象、音像创作、表演艺术作品、网络游戏、杂志图书、装潢设计等，都属于创意产品。所谓著作权，简言之，就是法人或个人对创意产品拥有的所有权和处置权。

谈到创意资产和著作权，我们就不得不谈近年来异常火爆的创意产业，或者叫文化创意产业。有观点认为，当代经济的真正财富是由思想、知识、文化、技能和创造力等构成的创意，这种创意来自人的头脑，它会衍生出大量的新产品、新服务、新市场、新就业机会、新社会财富，是经济和社会发展的重要推动力。一些专家甚至提出，文化创意产业将会从现代服务业中分离出来，独立成为一种更高层次的全新产业形态，也就是所谓的"第四产业"。

英国是世界上第一个提出创意产业概念并运用公共政策推动创意产业发展的国家。1997年5月，为振兴英国经济、调整产业结构、解决就业问题，英国时任首相布莱尔提议成立创意产业特别工作小组并亲自担任主席，负责对英国的创意产业制定发展战略。

此后，世界各国的一些专家学者对创意产业进行了深入研究，并根据不同的国家战略、地域特征、文化政策、产业导向提出了不同的定义。英国创意经济的倡导者约翰·霍金斯在《创意经济》一书中，把创意产业界定为：其产品都在知识产权法保护范围内的经济部门。知识产权有四大类：专利、版权、商标和设计。霍金斯认为,知识产权法中规定的每一种形式都有庞大的工业与之相应,加在一起,"这四种工业就组成了创造性产业和创造性经济"。

简言之,文化创意产业就是以创意为核心,以文化为灵魂,以科技为支撑,以知识产权的开发和运用为主体的知识密集型、智慧主导型战略产业。

近年来,创意资产在中国出现了井喷式增长,文化创意产业在中国也呈现出空前的繁荣。究其原因,除了政策方面的鼓励引导,经济结构转型升级过程中出现的几个巨大变化也功不可没。

一是经济发达到一定程度后,消费转型和升级成为必然。按照马斯洛需求层次理论和恩格尔定律,人类物质财富积累水平达到一定程度后,低层次需求增速放缓,高端需求和精神层面的需求增速则会加快。

二是计算机辅助设计和计算机语言、文字、图形处理等科技手段的繁荣发展,使创意资产的生产成本显著下降。

三是互联网特别是移动互联网的普及,使文化创意产品的传播更加便捷、高效,触达面更广。

中国工程科技发展战略研究院发布的《2019 中国战略性新兴产业发展报告》显示,以数字音乐、网络文学、动漫、影视、游戏、直播等为代表的一大批新兴数字文化行业快速崛起,带动了一批极具爆发力的产业发展热点,这些典型行业在2012—2017 年的年均增速超过了 20%,远远高于中国 GDP 的增长速度。

2017年，我国数字音乐市场规模达到180亿元，2016—2017年年均增长32.3%；截至2017年底，我国网络文学用户规模已达到3.68亿，占网民总体的45.6%，规模较"十二五"期末增长了23.9%；2017年，国内游戏市场收入规模达到2 036.1亿元，2016—2017年年均增长20.3%；2017年，我国网络表演（直播）市场整体营收规模达到304.5亿元，2016—2017年年均增长83.9%。2017年全国规模以上文化及相关产业企业达5.5万家，实现营业收入91 950亿元。文化产业增加值不断上升，占GDP的比重也稳步提高。2012年，文化创意产业增加值达到1.87万亿元，占GDP的比重为3.5%；2017年文化创意及相关产业增加值达到3.47万亿元，占GDP的比重上升至4.2%（见图5.6），继续向国民经济支柱性产业迈进。

图5.6 中国2012—2017年文化创意产业增加值及占GDP的比重

一个值得关注的可喜变化是，文化创意产业结构也在不断向好的方向转变。文化创意产业不再是单纯的泛娱乐，尽管游戏、娱乐直播、数字音乐和视频依然在文化创意产业中举足轻重，但知识传播也成了近年来文化创意产业发展的亮点。喜马拉雅、得到等知识付费平台成长非常迅速。艾媒咨询数据显示，2018 年中国手机游戏用户规模达到 5.65 亿、音乐客户端用户规模达到 5.43 亿、动漫用户规模达到 2.76 亿、知识付费用户规模则为 2.92 亿。知识付费用户规模已经反超动漫用户规模。

总之，中国文化创意产业经过十多年的高速发展，已经在国民经济中占有相当重要的地位，而且，增长势头依然良好。这个产业蕴含的创意资产和著作权的价值，尽管不能准确测算，但一定非常可观。

技术资产

技术是经济发展的推动力，是无形资产的核心组成部分。技术创新有各种不同类型。除了改善生产效率，技术创新在创造新产品、催生新行业、引领新的商业模式方面也发挥着重要作用。

技术是经济发展的推动力。在人类改造自然、征服自然、推动经济发展的过程中，技术始终扮演着至关重要的角色。在新经济时代，技术更是新产品、新业态的关键支撑点。没有先进的半导体芯片技术、没有先进的计算机技术、没有先进的网络技术和数据技术，就不会有今天的新经济和数字经济。

1988年9月5日，邓小平在会见捷克斯洛伐克总统古斯塔夫·胡萨克时，提出了"科学技术是第一生产力"的重要论断。

传统经济时代，通过技术延展人的劳动能力以提高劳动生产率是技术进步的重中之重，因此正统的经济学理论，特别是经济增长理论，在分析科技进步的作用时，大多把劳动生产效率的提高作为主要着眼点。然而，科技进步，特别是现代科技进步，改善的不只是生产效率。现今的科技发展，除了提高劳动生产效率，更多时候是在创造新的产品、打造新的产业、提升产品质量和性能甚至颠覆原有产品。

《无限供给：数字时代的新经济》一书中，将科技进步和创新分成了如下几个方面。

1. 改善劳动资料的创新

劳动资料或称劳动手段，是劳动者在劳动过程中用来改变或影响劳动对象的一切物质资料或物质条件。在劳动资料中起决定作用的是生产工具，决定着劳动者劳动效率的高低。卡车代替了扁担，搬运效率提高了；拖拉机代替了耕牛，农业生产发展了；机床代替了手工劳动，工业产品的生产能力和效率提升了。这些都是劳动资料创新的例子。劳动资料的创新是最传统、最常见的技术创新形式，主要作用就是提高劳动生产效率，并因此创造了物质财富，推动了经济增长。

2. 扩大和改善劳动对象的创新

劳动对象是把自己的劳动加在其上的一切物质资料。可以分为两类：一类是没有经过加工的自然环境中的物质，如煤矿、原油、森林等；另一类是经过加工的原材料，如棉花、钢铁、面粉、木材等。纤维板代替木材，钢化玻璃代替钢板等都是劳动资料创新的例子。当代新的材料革命和生物工程的兴起，使人类可以选择性能更好、更廉价的劳动对象，这对于经济的发展具有重大意义。

3. 产品功能和质量提升方面的创新

当代科技进步和技术创新不仅表现在劳动资料和劳动对象方面，还表现在产品性能和质量的改进与提升上。这种质量提升，在科技产品（如医药、生物技术制品）、电子产品（如计算机、手机等）、数字产品（如软件）等方面表现得更明显。

同样是电视机，从黑白到彩色，从电子管到晶体管到集成电路再到如今的智能化、立体化，质量性能进步飞快。计算机、手机更是如此。摩尔定律提出：当价格不变时，集成电路上可容纳的元器件的数目，每隔18~24个月便会增加一倍，性能也将提升一倍。换言之，每一美元所能买到的计算机性能，将每隔18~24个月提升一倍。但以提高产品质量为主的技术创新，并不以提高生产效率为主要诉求。

4. 新的产品和服务的创造

技术进步和创新也会带来许多新的产品和服务。贝尔发明电话，爱迪生发明电灯，福特发明汽车，都给人类带来了新的产品。当代科技飞速进步，新的产品可谓层出不穷。20世纪40年代，人类发明了计算机；20世纪60年代末，人类有了互联网；20世纪90年代，人类有了电商；21世纪，人类有了移动支付。如今，这一切新的发明、新的产品和服务，正在彻底改变亿万人的生活，改变人类经济活动的全貌。

然而，新的产品和服务，不单是在原有经济活动之上的叠加，也有对原有经济活动的替代。如微信视频或语音通话替代了原来的电话服务；数字音像制品替代了原来的收录机和磁带；手机摄像头替代了光学相机和胶卷等。我们现在常挂嘴边的颠覆式创新，其实就是新技术替代旧技术，新产品替代旧产品，新服务替代旧服务。

在数据、创意和技术等无形资产类别中，技术资产的重要性似乎更胜一筹，技术资产本身就对数据资产和创意资产有着重要的支撑作用。科技是无穷无尽的宝藏，永远不会被挖掘尽，而且越挖科技越发达，经济也越繁荣。煤炭、铁矿、石油这些资源只会挖一桶少一桶。

在进入 21 世纪之前，中国缺乏先进的原创技术，中国庞大的人口没有对世界近现代科技发展做出重要贡献，是几乎所有中国人心里的伤痛。由于技术落后，中国的经济发展也受到了很大制约。尽管经济增长速度不慢，但发展质量不高，主要是在靠廉价劳动力、廉价资源换取经济增长的速度。在高端经济领域，中国几乎没有影响力。

令人欣慰的是，21 世纪以来，特别是近十年来，中国的科技水平和技术创新能力有了翻天覆地的变化。在不懈努力之下，中国科技进步对经济增长的贡献率从 2001 年的 39% 一路攀升至 2020 年的 60%，与创新型国家的差距越来越小。世界知识产权组织数据显示，2019 年，中国的国际专利申请量已经反超美国，晋升为全球第一。此外，我国的高质量国际论文、被引论文、热点论文的数量均已排名世界第二。2020 年中国的研发投入超过 2.4 万亿元，较 2015 年几乎增长了一倍，研发投入总量高居全球第二。而在科技成果转化上，中国的含金量也越来越高。还有，从中国富豪企业家的行业分布来看，来自房地产、煤炭、传统商业领域的超级富豪数量越来越少，而来自科技、新经济领域的富豪数量则快速增加。事实充分说明，科技进步在中国商业领域也取得了非凡成就。

中国"十四五"规划的大幕已经于 2021 年正式拉开，科技创新被规划为"十四五"期间乃至 2021—2035 年长远规划期间中国经济工作的首要任务。相信通过政府政策的引导，以及研发投入的加大，中国大概率会在此期间进入创新型国家行列。新经济将更加繁荣，科技资产在企业生产运营中的作用将进一步加大。

第六章

人力资本与就业结构改变

中国人口迁移和就业结构大变迁

　　经济发展总是伴随大规模人口迁移和就业结构改变。在改革开放以来中国经济高速发展的 40 多年中，大量人口由农村迁移到城市，从农业转向制造业，再转到服务业。现代服务业和新兴行业成为当今就业人数增长速度最快的经济领域。

　　按照库兹涅茨法则，现代经济增长总是伴随着大规模的结构变化，表现为大量人口在空间和产业两个层面的迁移。具体表现为：随着时间的推移，农业部门的国民收入在整个国民收入中的比重和农业劳动力在全部劳动力中的比重都在不断下降；工业部门国民收入在整个国民收入中的比重大体上是上升的，但是，工业部门劳动力在全部劳动力中的比重则大体保持不变或略有上升；服务部门的劳动力在全部劳动力中的比重和服务部门的国民收入在整个国民收入中的比重基本上都是上升的。

改革开放以来，中国经济发展和产业结构升级也同样伴随着大量的劳动力迁移和就业结构改变。从表面数据和整体趋势上来看，中国就业结构的变化和世界多数国家就业结构变迁的历史并没有根本区别，即劳动力逐渐由第一产业向第二产业转移，再由第二产业向第三产业转移。在各个行业内部，低技能岗位数量在不断减少，高技能岗位数量在逐渐增加，劳动力由低技能岗位向高技能岗位转移的趋势也很明显。

当然，往深层看，我们知道，改革开放以来中国的经济增长、人口迁移和就业结构的变化是在中国特殊的改革开放政策大背景下进行的，如蔡昉在其文章《中国就业增长与结构变化》中所述，这个过程也被赋予了一系列中国特色。首先在中国改革开放早期和此后相当长的一段时期，中国有着非常严格的户籍制度。当时中国的经济现实和刘易斯模型是一致的。中国广大农村存在着大量边际劳动生产率为 0 的闲置劳动力。逐步放松人口流动管制，通过工业发展消化农村富余劳动力，提高经济增长水平，成为这一阶段中国经济发展的一个鲜明特点。中国的二元经济转换，同时伴随着中国从利用计划手段配置资源，逐步转向通过市场机制配置资源的机制转换。就业形式和就业增长方式与改革过程中的政策安排和政府导向密切相关。

最近十多年来，中国劳动力就业选择已经高度市场化，刘易斯描述的二元经济也基本终结。从劳动力供求两方面看，竞争和效率不断提高，就业人口整体教育水平和素质也在不断改善（见表6.1）。

低端传统产业的就业比重下降明显。农林牧渔行业就业总人数更是直线下降，2019年比2010年减少了将近2/3。采矿业、制造业就业人数在2013年达到峰值后，近年来下降趋势也十分明显。和2013年相比，2019年采矿业、制造业城镇单位就业总人数分别下降了42%和27%。这两个行业在城镇单位就业总量中的比重也分别从2013年的3.51%和29%下降到了2019年的2.14%和22.33%。

相比较而言，高端服务业和信息产业就业人数则出现了非常明显的增长。信息传输、软件和信息技术服务业城镇单位就业人数2019年比2010年增长145%；科学研究和技术服务业城镇单位就业人数也在持续增加，2019年该行业城镇单位就业人数比2010年增长了约49%。

当然就业结构的变化背后一定有着深刻的经济背景，其中劳动生产率的差异是导致工资水平产生巨大差距的主要原因。按国家统计局公布的城镇单位各行业就业人数和相应工资总额推算，2010年，农林牧渔行业人均年度工资为1.67万元，而

表6.1　中国城镇单位分行业就业人数（2010—2019年）

指标（万人）	2019年	2018年	2017年	2016年	2015年	2014年	2013年	2012年	2011年	2010年
城镇单位就业人员（合计）	17 162	17 258	17 644	17 888	18 062	18 278	18 108	15 236	14 413	13 052
农林牧渔业	134	193	255	263	270	285	295	339	360	376
采矿业	368	414	455	491	546	596	636	631	612	562
制造业	3 832	4 178	4 635	4 894	5 069	5 243	5 258	4 262	4 088	3 637
电力、热力、燃气及水生产和供应业	373	369	377	388	396	404	405	345	335	311
建筑业	2 270	2 711	2 643	2 725	2 796	2 921	2 922	2 010	1 725	1 268
交通运输、仓储和邮政业	815	819	844	850	854	861	846	668	663	631
信息传输、软件和信息技术服务业	455	424	395	364	350	336	327	223	213	186
批发和零售业	830	823	843	875	883	889	891	712	647	535
住宿和餐饮业	265	270	266	270	276	289	304	265	243	209
金融业	826	699	689	665	607	566	538	528	505	470
房地产业	510	466	445	432	417	402	374	274	249	212
租赁和商务服务业	660	530	523	488	474	449	422	292	287	310
科学研究和技术服务业	434	412	420	420	411	408	388	331	298	292
水利、环境和公共设施管理业	244	261	268	270	273	269	259	244	230	219
居民服务、修理和其他服务业	86	77	78	75	75	75	72	62	60	60
教育业	1 909	1 736	1 730	1 729	1 736	1 727	1 687	1 653	1 618	1 582
文化、体育和娱乐业	151	147	152	151	149	146	147	138	135	131
公共管理、社会保障和社会组织	1 990	1 817	1 726	1 673	1 638	1 599	1 567	1 542	1 468	1 428

资料来源：国家统计局。

信息传输、软件和信息技术服务行业人均工资则达 6.3 万元，是前者的 3.8 倍。2019 年，农林牧渔行业人均年工资为 3.99 万元，而信息传输、软件和信息技术服务行业人均年工资则高达 16 万元，是前者的 4 倍以上。两个行业人均工资的差距不仅没有缩小，反而有扩大的趋势。

多数人对于中国第一产业也就是农林牧渔业就业人数不断减少表示理解，因为毕竟经济发展到一定程度之后，人们对农副产品的需求不可能一直保持着高速增长。这也是恩格尔定律揭示的经济发展规律。随着农林牧渔业规模化、现代化生产技术的普及和推广，行业的劳动生产率也在不断提高，其对劳动力的需求下降，也就不足为奇了。

中国是一个制造业大国，曾一度被称为"世界工厂"。现如今，中国制造业就业人数连续出现下滑，不少人对此表示疑惑和不解。实际上在经济发展到一定水平后，制造业对劳动力的需求出现下降是一个全球性现象。第一，经济发展到一定水平之后，劳动力成本自然也会上升，导致部分制造业企业外迁至其他国家和地区。第二，信息化、自动化、智能化设备的采用，减少了制造业对人工的需求。伴随着科技的快速进步和更加尖端的智能化装备、机器人、机械臂的广泛使用，制造业对人工的依赖程度还会进一步下降，更多劳动者将从制造业转向服务业。

虽然我国制造业就业人数有所下滑，但制造业增加值占全球比重却由 2013 年的 20.8% 上升至 2017 年的 28.6%。一升一降的背后反映了我国制造业从大规模人工生产向自动化、智能化生产的转变。有关制造业就业变迁的详细分析，我们还会在本章的后面做专门讨论。

当前，中国人口结构正在发生剧烈变化。2019年末，全国16~59岁人口数为8.964亿，占总人口的64.0%；60岁及以上人口数为2.538 8亿，占总人口的18.1%。2017—2019年，我国16~59岁劳动年龄人口数分别比上一年减少548万、480万和89万；60岁及以上人口数则分别增加1 004万、859万和439万。人口老龄化、出生率下降，以及适龄劳动力人口数量的减少引起了广泛关注和讨论。我们认为，尽管中国老龄化问题会对消费结构、房地产市场以及社会保障等诸多方面产生重大影响，但由于科技进步和智能设备带来的对冲，还不至于造成严重的劳动力短缺问题。更值得我们关注的反倒是需求增速放缓、"机器替换人"导致的从第一、第二产业释放的劳动力是否能被服务业充分吸纳。

从近年就业变动情况看，服务业已经成为中国的"就业海绵"，但从细分行业来看，其可持续性却存在隐忧。在2013—2017年新增的服务业就业中，劳动密集型服务业占61.2%，公共服务业占9.1%，高端服务业和单列的金融房地产业分别占19.7%和10%。高端服务业已是服务业中第二大就业板块，但年均新增就业不到劳动密集型服务业的1/3，且不具备吸纳大量中低端劳动力的能力。

在正在快速发生的就业大变局中，机械性、程序性、体力型的工作正逐步被智能机器和机器人取代。为了让劳动人口更好地适应就业市场的变化，高水平教育和培训、劳动力的创新力和创造力的提升，将成为解决就业问题的重头戏。

教育与人力资本增长

经济发展带来的产业升级，对劳动者知识和技术素养的要求越来越高。人力资本的投入已经成为影响经济增长速度和发展水平的重要因素。人力资本的积累离不开良好的教育和人员培训。中国自 1977 年恢复高等教育招生考试制度以来，教育水平有了显著提高，人力资本也因此迅速增加。

经济发展，教育先行。教育对经济增长和社会进步的作用，从来都是十分巨大的。在新经济蓬勃发展的当下，劳动者的知识、技能和创新能力变得越发重要。教育的重要性越发凸显。

自 1949 年以来，我国的教育发展曾遭受到过很大的冲击，当时高等教育几乎全面停摆，中小学教育也呈现非正常状态。1977 年，中国恢复高等教育招生考试制度，重新拉开了中国重视知识、重视教育的序幕。

中国实行改革开放政策以来，教育事业加快了改革与发展的步伐。教育体制改革在 20 世纪 80 年代中期全面启动。20世纪 90 年代，中国政府在制定改革与发展的全局战略时，将科技与教育放在优先发展的位置，"科教兴国"成为中国的基本国策，教育承担着提高国民素质、培养具有创新精神和创造能力人才的重要任务。

21 世纪以来，中国的教育界在改革中不断完善以学历教育为主的学校教育系统，健全以职业资格教育为主的行业与企业教育系统，设置以文化、生活、教育为主的社会教育系统，在全国各个地区、各个行业形成职前教育与职后教育相通、正规教育与非正规教育并举、学历教育与非学历教育并重的终身教育网络，为不同年龄、不同职业的劳动者提供开放、多样化、社会化的受教育机会。

1986 年，《中华人民共和国义务教育法》颁布，九年制义务教育开始在中国全面推广实施。2020 年，全国共有义务教育阶段学校 21.08 万所，招生 3.440 19 亿人，在校生 1.56 亿人，专任教师 1.029 49 亿人，九年义务教育巩固率 95.2%。

中国高等教育从 1977 年开始重新起步，当年共计 570 万人参加高考，录取 27 万人。起初几年，中国高等学校每年招生规模一直在 30 万左右徘徊。1983 年开始，中国高校招生规模逐渐扩大，至 1997 年，高校招收大学生总数首次达到 100 万。

1999 年开始，中国高等学校招生连续多年有较大幅度的增长。1999 年招生 159 万人，比 1998 年增加了 51 万人，增幅达 47.4%。到 2002 年，我国普通高校招生 320 万人，毛入学率已达到 15%，正式进入大众化阶段。此后，这一数字仍大跨步增长，2010 年普通高校招生 657 万人，毛入学率 26.5%；2018 年普通高校招生 750 万人，毛入学率达到 48.1%。中国高等教育快速向普及化阶段迈进。近 20 年来，在普通高等学校本专科招生规模不断扩大的同时，研究生招生人数也在迅速扩大。最近几年各大高校、研究机构年录取研究生人数已逼近 60 万。2018 年，全国共有普通高等学校 2 663 所，各类高等教育在学总规模达 3 833 万，规模居世界第一。

除了规模发展取得的巨大成就，中国高等教育内涵建设也成果显著，办学条件和办学质量不断改进。据统计，在对论文及其被引用次数的国际学科评估中，从 2012 年到 2018 年，我国高校进入 ESI（基本科学指标数据库）前 1% 的学科数从 279 个增加到了 893 个，学科进入 ESI 前 1% 的高校从 91 所增加到了 219 所。中国高等学校在国际排名中的位次不断上升，部分重点高校已经具备或基本具备国际一流大学的办学和科研实力。

中国教育发展为经济的高速度、高质量发展提供了良好的人力支撑，而经济高速增长又反过来为教育投入的增加提供了坚实的后盾。两者之间相互促进，良性互动。由于 GDP 的快速增长以及教育经费在 GDP 中的占比不断提高，中国的教育投入自改革开放以来一直保持着很高的增长速度。2006 年以来教育投入增长速度更是进一步加快。2019 年全国教育经费总投入为 50 178.12 亿元，首次突破 5 万亿元大关，比上一年增长 8.74%。

教育投入和教育水平提高的直接结果是劳动力素质的提高和人力资本的价值增长。中央财经大学人力资本与劳动经济研究中心发布的《中国人力资本报告 2020》，对中国人力资本的结构和总量情况进行了详细的分析和测算，我们在此引用其中部分成果来展示中国人力资本的积累和动态变化情况。

1985—2018 年，全国劳动力人口中高中及以上受教育程度人口占比从 11.8% 上升到了 39.8%，其中城镇劳动力人口占比从 26.1% 上升到了 52.7%，乡村劳动力人口占比从 7.2% 上升到了 20.7%。

1985—2018 年，全国劳动力人口中大专及以上受教育程度人口占比从 1.2% 上升到了 19.2%，其中城镇劳动力人口占比从 4.3% 上升到了 28.6%，乡村劳动力人口占比从 0.2% 上升到了 5.4%。

1985—2018 年，中国人力资本总量增长了 11.2 倍，年均增长率为 7.8%。2009—2018 年的年均增长率为 9.0%，增速明显加快，其中城镇人力资本总量的年均增长率为 10.8%，而农村为 1.9%。

1985—2018 年，我国人均人力资本的年均增长率为 7.3%。2009—2018 年，人均人力资本的年均增长率为 9.0%，其中城镇年均增长率为 8.2%，而农村为 5.0%，增长速度在全球名列前茅。

劳动节约型技术进步和制造业
就业人口的下降

随着时间的推移和科技的进步，劳动密集型行业，特别是加工制造行业，越来越多的工作岗位可能被智能机器和机器人取代，劳动资本比将持续走低。近年来中国制造行业就业人口的减少，在一定程度上与劳动节约型技术进步有关。

生产的过程就是把劳动力、资本、技术、数据等各种要素组合在一起，并最终生产出所需产品的过程。一般情况下，各种要素之间或多或少存在着某种替代关系。例如，一家服装加工企业计划生产 10 万件成衣，如果拥有足够多的先进设备，就可以少用一些工人（裁缝）；如果机器设备太贵，企业不想买或买不起，多雇工人（裁缝）也能把衣服生产出来。当然，企业如何安排，主要看哪种办法生产更省钱。

微观经济学理论告诉我们，当劳动的边际产品与资本的边际产品比率恰好等于工资（劳动成本）与利率（资本成本）的比率时，劳动和资本两大要素的比例是最合理的。根据边际产品递减的经济规律，当工资上涨时，企业必然会选择增加资本投入来替代劳动力，以期提高劳动的边际产品，使得劳动和资本之间的比例在工资上涨的情形下达到新的均衡。一般而言，劳动的价格，即工资水平会伴随时间的推移不断提高，而资本的价格则没有明显的时间趋势，因此，资本劳动比一般会随着时间推移而不断上升。这也与我们对实际经济的观察相一致。

技术是改变劳动生产率和资本生产率的重要因素。技术是动态的，在不断变化、不断进步。技术进步既可以提高劳动的边际生产率，也可以提升资本的边际效率。当技术进步使得资本的边际效率提升得更快时，企业自然愿意投入更多的资本以替代劳动力，在工资率／利率比不变的情况下，资本／劳动比上升。也就是说，企业单位资本对应的劳动力因技术进步而下降，这种技术进步便是劳动节约型的技术进步。

人在生产过程中的贡献主要有两个方面。一是脑力方面的贡献，主要体现在设计产品，协调、组织和管理生产流程，指挥控制和操作机器设备等。二是体力方面的贡献，比如搬运物料、包装产品等。传统工业时代，机器设备的功能更多体现在对人的体力的替换。由于当时的机器设备智能化程度低或者说没有智能化，必须依靠人工操作、检修，许多流程也必须由人工控制和干预，或依靠人工来完成。因此，在传统经济时代，劳动和资本（机器设备）之间的相互替代有许多制约，在智力方面基本没有可替代性。

人类在体力、智力方面的改变是渐进的、缓慢的，而机器的改进则要快得多。随着智能时代的到来，算法和算力让机器有了"听力"和"视觉"，有了某种程度的"思考"和"决策"能力。工业机器人更是能够模仿并完成人的许多动作，如行走、转身、抓取物体等。换句话说，在智能化、数字化的新经济时代，机器不只是在体力方面能够完美地替代人力；在许多"脑力"方面，机器和人之间的差距也在快速缩小，机器替代人以完成生产过程的能力越来越高。当然，在可以预见的将来，机器或许还无法全面、彻底地取代人去完成企业生产运营的全部过程，但机器不断代替人的工作却是一个不可逆转的趋势。

智能机器和人在企业生产中的可替代性越来越高，使得原本在企业中以互补为主、替代为辅的劳动和资本之间的关系，日益变成了某种程度的"竞争"关系。若在某项工作的生产过程中，人和机器能相互替代，比如餐厅的服务或工厂的金属焊接，既可以由人来完成，也可以用机器来完成，那么企业究竟该如何选择？答案很简单，谁（完成单位工作量）的使用成本低就用谁。

经济发展的根本目的在于改善人的生活水平。由于经济、法律、政策等方面的原因，劳动力对工资、工作环境方面的要求一般会越来越高。机器则恰恰相反，随着时间的推移和科技的进步，机器的性能却会越来越好，性价比通常是越来越高。成本方面的一涨一跌，趋势不言自明：劳动密集型企业，特别是加工制造行业，越来越多的工作岗位将被智能机器和机器人取代，劳动资本比将持续走低。

在传统经济学理论研究中，经济学家往往偏好选择诸如柯布—道格拉斯生产函数之类的以替代弹性为常数的生产函数（CES 生产函数）来描述企业投入产出的关系。在数字化和智能化的今天，技术进步不仅会提高全要素生产效率，也会提高资本（机器、设备、机器人）、劳动力（自然人）等要素之间的替代弹性。我们可能需要更加复杂的生产函数来解释就业变化和经济增长情况。特斯拉公司的创始人马斯克曾在接受媒体采访时表示，未来由计算机、机器人和人工智能技术组成的全自动化系统，将会完全取代人类劳动力，最终人类将会没有工作可做。马斯克的话并非危言耸听。如果说我们对他的观点有什么修正的话，那就是未来人类将只剩下创新和创造的工作，重复性、程序性、体力型的劳动会逐渐消失。

在做了初步理论分析后，我们再来看看中国近年来的就业结构变动情况。受劳动节约型技术进步和制造行业产品需求增速放缓的双重影响，中国制造业就业人口及其在就业总人数中的比重，在 2013 年前后已经呈现出了明显的下降趋势（见图6.1）。相信这一趋势还会持续。这种趋势当然会给政府的就业政策带来影响，但塞翁失马，焉知非福。被传统产业"节约"

出来的劳动力，能在不影响制造业整体稳定增长的情况下，为新经济领域的发展提供人力资源支撑。中国改革开放的第一阶段（高速增长阶段），处于刘易斯提出的二元经济阶段，被释放出的农业劳动力大量向工业部门迁移，促进了中国的工业化进程；改革开放的第二阶段（高质量发展阶段），是新二元经济阶段，大量人力资本向新兴产业聚集。这是经济不断升级和持续发展的基础，也是经济和技术发展到一定阶段以更高质量发展的必然。

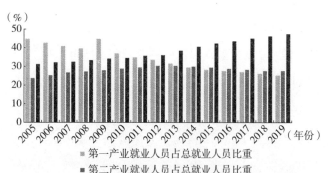

图 6.1　2015—2019 年三次产业就业结构变化情况

资料来源：国家统计局。

卓贤、黄金在《中国的制造业岗位都去哪了》[①]一文中，对工业机器人在制造行业的使用成本进行了简单测算，发现在

———————

① 卓贤，黄金．中国的制造业岗位都去哪了．财经，2019 年 5 月 6 日。

2017 年，中国制造业工业机器人"时薪"（成本）已经略低于中国发达城市北京、上海、深圳制造业人均工资水平。考虑到工人工资一般会持续上涨，而科技进步则会使机器人的使用成本持续下降，性价比不断提高，可以预见的是，机器人化、智能化依然会在制造行业加速发展，越来越多的制造业岗位将因机器人和智能设备的使用而消失。卓贤、黄金经过测算认为，2013—2017 年，我国新增工业机器人替换了 293 万名工人，这可以解释 34% 的制造业就业率下降的问题。

值得一提的是，传统服务行业其实也会因为新技术的采用而减少某些服务性岗位，例如银行柜员、高速公路收费员等。继 2020 年 7 月美国俄勒冈比弗顿总部裁员 500 人后，当年 11 月初，耐克的"裁员潮"逐渐蔓延到了大中华区，在这个全球表现最好的市场，耐克制订了裁员 400 人的计划。不过，耐克表示裁员不是为了压缩成本，而是因为数字化转型。

新经济对劳动力人口的吸纳

数字经济、战略性新兴产业等新经济领域在中国发展迅速，平均薪资水平相对较高，为新生代劳动力提供了大量就业岗位，也吸引了部分劳动力从传统产业向新经济产业的迁移。当然，新经济产业对劳动力素质和教育水平一般有更高的要求。

从古至今，人类的经济发展、科技进步不断带来新的产品、新的服务，并创造出新的行业。新的行业从无到有、从小到大，也需要一个发展的过程。任何一个新兴产业都不会凭空壮大，其发展必定需要适当的人力、物力和财力的支持。从这个意义上讲，新行业发展的过程必定也是一个人力、物力、财力转移的过程。也就是说，在人类经济史上所发生的任何一次行业兴衰、变迁，必定也是一次人力、物力和财力等资源的重新配置。

新的产业发展所引发的要素迁移是否会冲击原有产业，导致原有产业的萎缩？这个问题相当复杂。理论上讲，如果我们假设其他条件不变，即传统产业技术没有进步，生产效率没有变化，只有生产要素，尤其是劳动力的净流出，那么很显然，传统产业的生产能力会下降，产业会萎缩。然而，现实却是，传统产业也在发生着技术进步，新兴产业既可能对传统产业造成某种颠覆，也可能为传统产业赋能。因此，传统产业劳动力的转移不见得会造成传统产业的萎缩。

从中国的历史经验来看，中国还没有过因劳动力从传统产业迁移导致原有产业出现重大衰退的先例。当然，由于传统产业原有产品被新产品替代，导致行业失去市场需求而萎缩甚至消亡的情况除外。

改革开放初期，即传统二元经济发展阶段，中国大量农业人口流向城市，流入工业制造业，但中国农业产量并没有减少，农业部门增加值也没有下降。当然，农业部门贡献的增加值在 GDP 中所占比重确实持续走低，但这也是正常现象，因为按照恩格尔定律，人们对农副产品的需求本来也不可能一直保持很高的增长速度。截至 2020 年，第一产业在中国 GDP 中的占比已近跌至 7%，而在美国，第一产业在 GDP 中的占比不足 1%。最近几年，中国第二产业，即制造业也出现了大规模劳动力流出现象，截至目前，尽管中国制造业贡献的 GDP 份额有所下降，但制造业本身产值依旧保持着一定速度的增长。技术进步对工业制造业劳动效率的改善功不可没。

刘易斯在研究传统二元经济时代农业部门劳动力转向工业部门时所做的一个基本假设是，农业部门存在大量的闲置劳动力，其边际劳动生产率几乎为 0。在劳动力从传统工业部门流向新经济产业的过程中，这个假设未必依然成立。当然，存在边际劳动生产率为 0 的剩余劳动力并非劳动力从一个部门流向另一个部门的必要条件。从理论上讲，只要两个经济部门之间存在边际劳动生产率的差异，则劳动力就会持续从低效率部门流向高效率部门。也就是说，如果新兴经济部门边际劳动生产率更高，则部分劳动力从传统部门流向新经济部门完全符合基本的经济学原理。只有当两个经济部门的边际劳动生产率相等时，劳动力转移才会结束。

劳动力从传统部门流向效率更高的新经济部门使劳动力资源配置的效率得以提高。由于新经济部门与传统部门对劳动力等生产要素的竞争，以及传统经济部门劳动力流出所带来的边际劳动生产率提升，[①] 各部门劳动力成本，也就是工资水平会出现一定幅度的上涨。

传统产业劳动力的外流通常会减缓该部门总产值的增长速度，并导致传统产业在经济总量中占比的下降。但是，这是否会导致传统部门绝对产出规模下降，或者说导致传统部门出现负增长，则无法一概而论，要看在经济结构调整的过程中传统部门的技术进步能否对冲劳动力流出的影响。从各国经济发展经验看，多数情况下，劳动力流向新兴行业，不会导致依然有庞大市场需求的传统产业总产出规模下降。2015 年以后，虽然中国制造业部门就业人数出现连续下降的情况，但制造业总产值依旧保持增长，尽管增速相比高峰期出现了显著下降。

新兴行业的繁荣和发展、劳动力在产业部门间的流动，是人类社会分工细化（社会再分工）、经济繁荣进步的标志。这是由于社会再分工和科技进步，使得劳动力的生产效率不断提高，物质产品和精神产品的生产和供给更加丰富，人类的需求

---

① 按照边际劳动生产率递减的理论，一个部门就业人数增加会导致边际劳动生产率递减，就业人数减少则边际劳动生产率提升。

层次不断升级，最终实现人民对美好生活的向往。

随着社会分工的细化和新兴产业的大量出现，企业（资本）对劳动力的素质和专业技能的要求也日益细化。大量专业性的岗位，只有具备高超专业技能的人员才能胜任，而这些专业技能又远非普通劳动者一朝一夕可以获得的。在科技发展日新月异的新经济时代，有许多专业性岗位，更是让普通劳动者望尘莫及。也就是说，现今的劳动力就业问题，不再由劳动力数量主导，劳动力结构变得越来越关键。教育和培训在改善劳动力结构和提升劳动者质量方面的重要性不言而喻，但是许多高精尖的专业岗位仍然只有少部分特殊人才方能胜任。

依据中商情报网 2019 年 4 月 25 日发布的资讯[1]，中国数字经济就业人数及其占就业人口的比重若干年来一直保持快速增长的势头，至 2018 年，中国数字经济领域就业岗位达到 1.91 亿个，占全年总就业人数的 24.6%（见图 6.2）。在全国总就业人数于 2018 年同比下降 0.07% 的背景下，数字经济领域就业岗位实现了两位数的高速增长，同比增长 11.5%。当然，数字经济领域的就业岗位存在差异，不同岗位对劳动力素质的要求以及岗位间的薪资差距都很大，高端技术岗位人才依然稀缺。

---

[1] 中商情报网. 2018 年我国数字经济领域就业岗位达 1.91 亿个，占总就业人数 24.6%. https://www.askci.com/news/chanye/20190425/1737271145399.shtml。

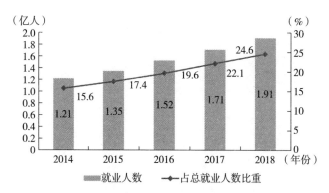

图 6.2　2014—2018 年中国数字经济吸纳就业情况

资料来源：中商情报网。

第七章

新二元经济体系中的经济增长与结构变动

从古典、新古典增长理论到内生增长

经济增长是宏观经济讨论的重要话题。从亚当·斯密到罗伯特·默顿·索洛再到保罗·罗默、罗伯特·卢卡斯，经济增长理论越来越丰富，但核心思想并没有发生重大变化：人均产出增长来源于人均资本存量的增加和劳动效率的提升（技术进步）。这些理论普遍基于传统的生产函数假设，缺乏对结构性因素的关注，也难以较好地解释数字经济等无限供给新经济部门的增长规律。

18 世纪中期第一次工业革命后，欧洲国家经济快速发展，探索经济增长的理论应运而生。古典经济增长理论批判重商主义以货币代表社会财富的观点，代表人物包括亚当·斯密、大卫·李嘉图、马尔萨斯。

作为增长理论的先驱，亚当·斯密批判重商主义将货币看作财富的观点，认为国家所生产的产品总量才是国民财富，强调劳动分工和资本积累对国家经济增长的作用。亚当·斯密关于国民财富决定要素的基本思路如图 7.1 所示。

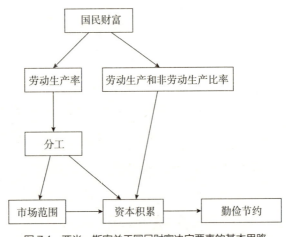

图 7.1 亚当·斯密关于国民财富决定要素的基本思路

亚当·斯密认为增加国民财富的主要原因是提高劳动生产率，而提高劳动生产率首先要靠发展分工，这基于三方面原因：第一，劳动者的技巧因专业而渐进；第二，分工之后劳动者不需要从一种工作转向另一种工作，从而节省了这部分时间；第三，分工使每个劳动力承担的工作更便于通过机械进行简化和缩减，因此能够提高劳动生产率。此外，亚当·斯密还引申出分工的发展受交换范围的限制。因此他强调能够促进分工的自由贸易会促进经济增长。

亚当·斯密的资本积累理论还讨论了如何提高储蓄率，增加资本积累。由于工具的使用能够提高劳动生产率，而工具需要用资本交换，因此资本对劳动生产率的提升尤为重要。亚当·斯密从资本的使用方法角度将资本分为固定资本和流动资本两类，固定资本包括机器工具、厂房设备等，流动资本包括货币、原材料等；从积累资本的角度将劳动分为生产性劳动和非生产性劳动，两者的区别在于是否具有增加价值。他认为只有生产性劳动才能增加资本积累，因此主张节俭以累积资本，同时减少非生产性开支，增加生产性开支，以增加国民财富。

虽然亚当·斯密对于货币和财富本质的认知存在一定的局限性，但他对劳动和资本的探索为后续经济增长理论立足生产部门、探索劳动与资本对经济增长的影响奠定了基础。

之后大卫·李嘉图和马尔萨斯在亚当·斯密的基础上对增长理论进行了拓展。李嘉图主要关注分配对经济增长的影响。假定在生产力和技术水平不变的情况下，李嘉图认为如果生产要素的边际报酬递减，即使资本不断积累，一国经济也不可能始终增长，最终会陷于停滞。马尔萨斯关注人口在经济增长中的作用，他认为人口以几何级增长，而生活资料以算术级增长，长期来看，国家的人均收入将收敛到静态均衡水平，即"人口陷阱"。约翰·穆勒综合利润率下降趋势、土地报酬递减规律、马尔萨斯的人口规律等理论认为：一旦资本利润率降到最低点，生产和财富就进入静止状态，但是能够改善财富分配、提高劳动者报酬，所以静止没有什么不好。

从19世纪中后期开始，经济增长不再是经济学研究的重心，经济学家大多更为关心静态的资源配置问题，即"静态的插曲"时期，此时只有以马歇尔为代表的为数不多的新古典经济学家依旧关注经济增长。与亚当·斯密等古典经济学家不同，马歇尔强调边际和均衡的分析方法，他认为各种经济指标的数量要通过各自要素的边际增量达到均势来决定，当供求平衡时，边际产量的增加会因生产费用的相应增加而抵消。

马歇尔认为推动经济增长的要素，除了劳动力、土地、资本外，还有组织，即企业的经营和管理能力。由于组织要素的引入，使得马歇尔可以对规模报酬递增的情况进行解释。经济规模扩大提高效率的原因有两点：一是内部经济，厂商内部组织结构升级使得效率提升；二是外部经济，企业以外的因素带来的好处，比如产业进步、工业区位优势等。

20世纪30年代的经济大萧条体现了经济系统的脆弱，因此对长期均衡增长的研究显得更加重要，对经济增长理论的研究开始复兴。哈罗德于1939年发表了《关于动态理论的一篇文章》，1948 年发表了《走向动态经济学》；多马在 1946 年发表了《资本扩张、增长率和就业》，1947 年发表了《扩张与就业》。哈罗德—多马经济增长模型标志着数理经济方法开始在经济增长理论中使用，是现代经济增长理论的开端。哈罗德—多马经济增长模型假定不存在技术进步，资本存量折旧不变，生产函数具有固定系数，得到经济长期均衡增长的条件是实际增长率、有保证的增长率和自然增长率同时相等。哈罗德—多马模型强调投资的双重性，认为长期存在一种实际产出增量与最高潜在产出增量相等、总产量的均衡增长率与投资增长率相等的均衡增长率。但由于三种增长率影响因素不同，很难实现一致，均衡路径具有不稳定性。

为了寻找稳定的增长路径，索洛和斯旺摒弃了古典经济增长理论模型中生产函数具有固定系数的假设。索洛增长模型包括四个变量，产出 Y、资本 K、劳动 L 与知识（或劳动效率）A，设定生产函数的形式为 $Y_t = F(K_t, A_t L_t)$，t 为时间，AL 为有效劳动。根据函数，产出由资本和有效劳动共同决定。生产函数需要满足一定的假设：

规模报酬不变。如果资本和有效劳动同时翻倍，产量也同样翻倍，即 $F(cK, cAL) = cF(K, AL)$，任意 $c \geqslant 0$。

边际产出递减。令 $c = \dfrac{1}{AL}$，则 $F\left(\dfrac{K}{AL}, 1\right) = \dfrac{1}{AL}F$ $(K, AL) = \dfrac{Y}{AL}$，单位有效劳动的平均资本 $k = \dfrac{K}{AL}$，单位有效劳动的平均产出 $y = \dfrac{Y}{AL}$，$y = f(k)$，边际产出递减意味着 $f'(k) > 0$，$f''(k) < 0$。

稻田条件。$\lim\limits_{k \to \infty} f(k) = \infty$，$\lim\limits_{k \to 0} f(k) = 0$。当资本存量很小时，边际产出很大；当资本存量极大时，边际产出极小。

经济最终收敛于平衡增长路径，劳动、资本和产出的增速基本不变，只有技术进步率能够影响人均产出的增速，如果不考虑技术进步，人均产出增长率趋近于 0。如果假定储蓄率上升，则人均产出的水平上升，但增长率不变。索洛增长模型将储蓄率外生给定，没有讨论它的影响因素，卡斯、库普曼斯将拉姆齐对储蓄的研究引入模型，内生化储蓄率，形成拉姆齐模型。拉姆齐模型和索洛增长模型对于经济增长驱动力的研究结论相同，劳动效率增长是人均产出增长的唯一动力。

劳动效率 A 可以看作知识或技术，是决定经济增长的重要变量，但无论是索洛增长模型还是拉姆齐模型，都只是将它看作外生变量，没有进行进一步讨论。阿罗构建的"干中学"模型将技术进步作为资本积累的副产品，认为进行投资的厂商可以通过生产经验提高生产率，而不投资的厂商可以通过学习提高生产率。除了技术进步，也有研究从人力资本变化角度进行分析，宇泽弘文在模型中增加了人力资本生产部门，构建了两部门经济增长模型。

然而技术外生的增长模型并不符合经验事实，无法合理解释20世纪中后期的经济发展情况，以罗默、卢卡斯为代表的经济学家对增长模型进行修正，将技术进步与人力资本内生化，形成内生增长理论。从长期来看，技术进步来源于研究、创新等活动，人力资本基于教育、培训产生。

罗默在"干中学"模型的基础上将技术内生化，假设知识和技术的增加与投入资源成比例，生产要素包括资本、劳动、竞争性人力资本和非竞争性知识资本，存在研究部门、中间品部门、最终产品部门，研究发现人力资本总存量、研究部门的设计产出率、时间贴现率和跨时替代弹性都会影响均衡产出率。对于长期经济增长，罗默认为知识或技术能够外溢，在提升自身生产率的同时，也提高了其他厂商的生产率，因此整体社会生产率提升。卢卡斯基于宇泽弘文的研究，继续研究人力资本的外在效应，发现人力资本增长率取决于人力资本投资的有效程度，以及贴现率。

除了技术进步与人力资本，创新带来的新产品也是经济长期增长的动力。熊彼特的创造性破坏理论指出，创新会带来产品质量的升级，新的产品必然取代旧的产品，新的消费品、新的生产运输方式从内部产生，不断摧毁旧的经济结构。阿吉翁和豪伊特将熊彼特增长理论数理化，构建了创造性破坏的内生增长模型，研究提升质量的新产品对经济增长的影响，模型中存在最终消费品和中间品，中间品是最终消费品的原料，最终消费品被消费者购买，也可以用于生产中间品。非技术工人从事最终消费品的生产，技术工人从事中间品的生产与研究。新产品会使旧产品和原有技术被抛弃，创新由企业完成，几乎大部分创新都能够将生产旧产品的厂商挤出市场，由此产生垄断资金。由于创新具有不确定性，因此可以将其设定为随机过程。结论是研究部门产生的提升产品质量的垂直创新是潜在的增长来源。此外也有研究探索水平创新的产品种类增加有何影响，贾德的研究发现产品数量提升会给创新行为带来循环趋势，在最初人均专利较少时，创新者的利润较高，因此创新动力更足；随着专利到期，产品价格下降，创新者利润不足，创新停滞；但随着人口增加、经济增长，产品需求曲线上升，创新又有了较高的投资动力。

必须指出的是，几乎所有正统经济学增长模型，都是基于一个共同的假设，即经济体只生产一种终端产品，可用一家代表性企业进行刻画。这种做法的优势自然是使模型变得简单，便于理解和讨论，但一个重大的缺点的是，这种做法抹杀了经济增长过程中必然伴随的经济结构性变化，淡化了生产要素跨行业流动和重新配置带来的生产效率的提高，忽略了技术进步和技术创新在创造新产品和催生新产业方面所做出的贡献。

还有，传统的经济增长模型都依赖于某种只适用于描述有限供给品产量的生产函数。经济（生产）规模完全由要素投入的数量和生产效率（即技术水平）决定，与消费者的数量即市场（需求）规模无关。我们后面将会指出，这种传统生产函数无法描述无限供给产品的生产企业，如微软、谷歌、腾讯的产出规模。照此类推，基于传统生产函数的增长模型也无法准确解释无限供给经济的增长。

无限供给产品的产值核算

无限供给指的是产品的供应能力，而不是实际供应的数量。这类产品生产商单位时间的产值，应该以实际销售数据为准。也就是说，有限供给产品生产企业的规模和产值是由要素投入或产能决定的，而无限供给产品生产企业的规模和产值则是由市场需求的大小决定的。

无限供给产品有无限供给的能力，那么它能否产生无穷大的产值？答案是显而易见的。世界上没有任何一家企业或一个国家的经济产值能够做到无限大。目前，世界上最大的经济体美国，按其官方统计数据，2020年的GDP也只有20.9万亿美元。

根据生产法核算，一国GDP是该国一年内各生产部门生产出的最终产品和劳务的市场价值的加总。生产法的核心是最终产品，也就是说，只要企业把产品生产出来，可供最终消费和使用，哪怕它还在仓库里。对于有限供给产品而言，这种核算方法自有其道理，因为已经生产出的产品，即便尚未销售，也已经消耗了人工、原材料等生产成本，这些成本预期可以通过后期售出来回收。对于预期无法售出的产品，企业是不会花成本生产的。

但对于无限供给产品，企业只要生产出一件，就可以无限地重复销售。对于这类产品，核算库存没有任何意义。这类产品生产商的单位时间产值，应该以实际销售为准。无限供给指的是产品的供应能力，而不是实际的供应数量。尽管无限供给产品具有无限供给的能力或可能，但市场并不会对其有无限的需求。打个简单的比方，一个理发师具备每天为10个人提供理发服务的能力，但只有3个人购买了理发服务，理发师一天的产值（收入）自然应该按服务3个人，而不是服务10个人来计算。

以上的简单分析再次印证了一个重要观点：有限供给产品生产企业的规模和产值是由企业产量或供应量决定的，而无限供给产品生产企业的规模和产值则是由市场需求的大小决定的。换个角度，我们也可以将能实现市场销售的供给视作有效供应量，而那些无法在市场上完成销售的供应量则是无效供应量，没有任何市场价值。这就好比农场种了许多果树，因为产量太大且销售渠道有限，只有一部分苹果能够被卖掉，大量苹果因为无法销售而在树上烂掉。这部分烂掉的苹果其实就是无效供给。

无限供给产品的产值由需求量决定这一特点拥有许多重要含义。首先，需求量除了与产品自身属性（价格、功能等）有关，当然还与市场消费者总人数有关。对有限供给产品而言，一旦给定技术水平和要素投入，产品产量和产值也随之由生产函数决定，而与整个市场的规模没有关联。然而，对于无限供给产品，投入同样的人力物力所创造出来的产品，市场规模越大，销售额和产值就越高。从企业成长的角度看，有限供给产品产量的增长一般需要更多投入来支撑产能扩张，而一旦某款无限供给产品被生产出来，至少从短期看，只要用户规模增长，或应用面扩宽，即便没有大量生产性投入，无限供给产品生产企业也能实现收入增长。当然，无限供给新经济部门或无限供给产品生产企业的增长还有另外一条更加重要的路径，即通过研发投入，生产更多不同品类（注意，不是生产更多的同一款无限供给产品）、更高质量的无限供给产品，以实现更多市场销售。

智慧资本与无限产品的生产

　　数据、技术、创意是新二元经济时代的重要生产要素，是无限供给产品生产不可或缺的基础"原料"。这些要素共同构成了新二元经济时代的智慧资本。与传统经济中的机器设备等物质资本一样，智慧资本也需要通过人力和物力的投入才能获得。

　　我们在第六章曾经谈到，技术和数据是新经济时代正在迅速崛起的生产要素。尤其是数据，更是各类生产要素中的后起之秀。纵观当今世界高端制造业和数字经济行业的各种产品，飞机、高速铁路、无人机、自动驾驶汽车、智能电话、互联网、电商平台、基因技术，无一不是人类科技进步、知识和数据积累的产物。从远古到现在，人口总量不断增长，但土地和自然资源禀赋并无增加，也就是说，在人均拥有的自然资源和土地资源不断减少的情况下，世界绝大多数国家的人均GDP却在不断增长，人民生活水平不断提高，归根结底，这是人类创新和科技进步带来的结果。

技术和数据等新兴生产要素，或称生产资源，具备一些明显有别于资本、土地、矿藏等传统要素的共同特征。《无限供给：数字时代的新经济》一书以及本书第六章均有所涉及。在此，我们对这些共同特征全面总结如下。

第一，技术、知识、数据都来自人类的创造和积累，而不是来自原生态的自然馈赠。这些人造要素或人造资源可以循环或长期使用，对环境也更为友好。

第二，这些要素一旦拥有，便可无限地重复使用，也是非竞争性地使用。从微观层面看，这些要素都是无限供给产品。

第三，一般而言，企业产品是各种要素组合产生的结果。在各种不同生产要素中，按照木桶理论，最为稀缺的资源是企业产能这只木桶的短板，企业已经拥有的技术、知识和数据[①]不会出现消耗或损耗，可以实现无限供给，因此，企业已经拥有的技术、数据等就不会成为企业产能的短板和制约因素。人们常说的技术短板，指的是企业不具备相应的技术或技术不够先进、不够成熟，而不是企业的某项已有技术供应不足。

第四，在生产要素转化成产品的过程中，传统要素因不断消耗而成为生产成本，而技术、数据等要素因在使用过程中没有损耗，所以不产生新的（边际）成本。当然，企业租用他人

---

① 当然，企业尚未拥有的技术、数据、知识可能存在稀缺性，这是另外一个话题了。

的技术或数据所支付的使用费除外。

鉴于技术、数据、知识等新型要素所具有的上述共同特点，特别是它们都来源于人类的智慧与知识创新，我们将这些要素统称为智慧资本。智慧资本不是自然形成的产物，其创造离不开人力物力的投入。也就是说，智慧资本与机器设备等物质资本类似，也是企业投入积累的结果。既然需要投入，企业在积累智慧资本的过程中，当然也要综合平衡投资的回报和风险。因此，智慧资本应当是一个内生变量。

技术、知识资本的内生性在现代经济增长理论中已经得到充分重视，代表人物有保罗·罗默和罗伯特·卢卡斯等。《无限供给：数字时代的新经济》一书中特别强调了数字、技术等智慧资本的无限供给属性，也讨论了无限供给产品的非竞用特点。罗默的增长理论对技术要素的内生性和非竞用性做了详细讨论。然而，和多数主流的经济增长模型一样，罗默依旧将技术进步局限于生产效率的提高，未对技术创造新的产品、新的行业以及这类技术创新对经济增长的影响进行系统研究和讨论。在这一点上，熊彼特的创新理论倒是更值得我们借鉴。

几乎所有主流经济增长理论都是供给或产能决定论，产能增长和经济增长基本被画上了等号。这种处理方法固然可以简化经济增长的模型，但也抹杀了供求结构性矛盾对经济增长的影响，并越来越难以解释为什么在科技日新月异的今天，发达经济体的经济增长速度普遍不如从前。事实是，当经济发展到一定水平，多数行业产能足够庞大甚至出现过剩，再继续扩大（过剩）行业的产能规模和产量，也就没有了意义，行业发展的速度会降低甚至停滞。此时，只有找出新的需求增长点，并在新的增长点上扩充产能，经济才会增长。

说得更详细些，依据边际效用递减原理，当某种单一的产品供给十分富足时，继续增加其产量，消费者的效用也不会明显增加。举例来说，人类生活固然离不开牛奶面包，但如果经济活动只是生产牛奶面包，当这些产品的人均产量达到较高水平后，技术再怎么进步，所生产的牛奶面包数量再多，人类也消费不了。没有了消费需求的增长，经济增长当然也就失去了动力。技术进步不仅要提高生产效率，也要创造新的产品来激发人类更多的消费欲望，满足人类多层次、多维度的消费需求。只有这样，经济才有持续增长的动力。因此，将产业结构改变和技术创造新需求的能力纳入经济增长的理论体系，具有十分重要的意义。

尽管罗默等人的内生增长理论已经意识到技术、知识等智慧资本具有非竞用性，但迄今为止，几乎所有的主流经济学理论，当然包括经济增长理论，都假设企业生产的终端产品是有限的，也是竞用的——经济增长就是产品产量的增加。究其原因，一是传统经济时代的终端产品一般具有物理形态，其供给确实是有限的；二是经济学家可能认为，如果产品供给无限，经济规模就会变得无穷大，此时讨论增长问题以及其他相关经济问题也就失去了意义。

关于第一点原因，我们在《无限供给：数字时代的新经济》一书中已经有详细讨论。至于第二点原因，从理论上其实不难理解。一家企业具有无限供给某种产品的能力，不等于产品的实际供应量（销量）也是无穷大的，原因是没有那么多的有效需求。如果我们以成交量作为无限供给产品的（实际）供应量，经济规模就不会有无穷大一说。举例来说，假设一个经济体只有一家企业，如微软公司，生产 Windows 操作系统和 Office 办公软件，微软虽有能力供应可无限使用的 Windows 系统和 Office 软件，但市场需求量终归是有限的，最终微软能卖出的软件份数和收入无论多大，一定是有限的。

显然，无限供给产品不会有具体的物理形态，其产出离不开技术、创意等智慧资本的积累。尽管智慧资本不仅对生产无限供给产品至关重要，而且在生产有限供给产品时也能发挥其重要作用。但无限供给产品的实际供应量取决于有效需求而不是产能这个特殊属性，决定了企业在投入生产无限供给产品的智慧资本时，将更多关注市场规模和市场需求，而不是产能约束。

市场规模和无限产品的生产

对于无限供给产品而言，市场规模是决定企业成败和盈利能力最为核心的因素。市场规模小，企业研发某些无限供给产品可能得不偿失；市场规模大，企业获利能力必然更强，研发生产无限供给产品的意愿也必然更强。

无限供给产品的实际供应量是由市场需求决定的。也就是说，对于无限供给产品，一旦企业将其研发、生产出来，企业能做到多大规模、该产品能带来多少收入，就由市场需求决定了。如前所述，企业生产无限供给产品，必定要投入相应的人力、物力进行产品研发，积累智慧资本。同样的投入、同样的产品，在一个庞大市场上可以赚得盆满钵满，而在一个小型市场上，则可能会入不敷出。

为了便于讨论，我们不妨简单假设某件无限供给产品 Y 的研发生产费用为 C，市场总人口为 N，每个人购买产品 Y 的概率为 p，每个购买者给产品供应商贡献的净价值为 V。依据这些假设，我们很快发现，产品 Y 给企业创造的产值等于 $p \cdot N \cdot V$，和市场人口数 N 成正比——这一点在有限供给经济中显然不存在。对于无限供给产品而言，同样的投入，市场规模不同，产值也不一样。

从产值（收入）中扣除成本 C，可以得出，企业投资研发生产产品 Y 的净利润（净现值）R 为：

$$R = p \cdot N \cdot V - C$$

依据以上公式，我们可以轻易得出如下几点结论。

第一，市场人口规模和无限供给产品生产企业的收入规模成正比

市场越大，无限供给产品生产企业的收入越多，利润也越高。当市场规模小到一定程度时，企业将难以收回产品的研发成本 C，并因此出现亏损。通过计算可以发现，当市场人口 $N < \dfrac{C}{pV}$ 时，企业是不愿对无限产品 Y 进行投资研发的。如果市场规模足够大，则企业即便需要投入的研发成本 C 变得更高一些，企业也会有强烈意愿去研发产品 Y。换句话说，在一个庞大的市场中企业趋之若鹜、争相研发的无限供给产品，在一个小市场里，有可能无企业愿意投入。

上述结论可以在一定程度上解释为什么中美两个大国在数字经济等无限供给领域发展迅猛，而其他许多国家和地区的数字经济发展相对滞后，主要使用美国等外国公司提供的数字经

济服务。中国是世界上人口最多的国家，市场规模非常庞大，加上又有自身独特的语言、文化、社会制度，为本土数字经济企业发展提供了优越的市场环境，造就了百度、阿里巴巴、腾讯、字节跳动、美团、快手、京东、360等一批优秀企业。美国不仅是有着几亿人口的大国，而且在经济、文化方面的全球影响力巨大，美国企业不仅在美国有良好的发展环境，而且向他国市场输出产品和服务也相对容易。因此，当今软件、互联网等无限供给行业的巨头，多半出自美国，如微软、谷歌、脸书、亚马逊、Zoom等。

第二，无限供给品的通用性或大众接受程度，对于企业规模和盈利能力有着举足轻重的影响

市场中消费者使用或购买产品 Y 的概率 p，与产品的大众化程度密切相关。微信、脸书等社交和即时通信软件，由于与大众生活及喜好关联度高，分别拥有10多亿和20多亿用户，并造就了两家市值在全球名列前茅的巨型公司。全球大部分计算机都要安装微软的操作系统和办公软件，因此，微软成了全球最大的软件公司。

由于市场需求量大，从事英语教学内容辅导和软件开发的中国企业很多；由于潜在用户少，几乎没有中国企业专门开发软件从事小语种语言的教学内容辅导。同样的原因，媒体，尤其是自媒体报道明星八卦的内容，要比报道科学家科学研究的内容多很多。如果不考虑学术价值，而纯粹考虑商业价值，那

么一本顶尖的经济学学术专著或菲尔兹奖得主的专著的商业价值大概远不及一本畅销小说或名人传记。

第三，单一用户的价值或每一份产品的售价 V 当然也对企业营收和盈利能力有着重要影响

V 的大小与市场竞争状况、用户对产品的需求强烈程度以及企业盈利模式有关。举例说来，百度作为中国最大的搜索引擎，用户数很多，但由于盈利模式不及腾讯丰富，导致每个用户的价值 V 不及腾讯，当前市值也比腾讯低很多。

我们在此再次强调，只有一次性的研发、创作或生产成本，供应量和产值却和市场规模成正比，就是无限供给产品的独特属性。有限供给产品显然没有这个特点：一块面包只能卖给一个人，如果面包的产量有限，那么即便市场再大也无济于事。由于小型经济体不具有市场规模优势，在数字经济、无限供给经济时代，小型经济体与发达水平较高的大国之间的经济差距可能会越拉越大，而不是逐渐缩小。有关这方面的情况，后面将进行更详细、更深入地讨论。

因此，在新经济时代，越来越多无限供给品被创造出来的背景下，将市场规模因素纳入经济增长理论范畴，具有重要意义。

新二元经济发展与经济结构的理论分析

在新二元经济体系中，传统经济部门和无限供给新经济部门通过市场竞争争夺生产要素。生产要素一般会由传统部门流向新经济部门。经济增长速度和要素流动速度与诸多因素有关，而市场规模则是其中的重要因素之一。市场越大，越有利于无限供给新经济的发展。

我们在前面相关章节对新二元经济的特点，结合世界各国，尤其是中国经济发展的实践，进行了多角度的讨论。在此，我们对二元经济的增长模式进行综合但初步的理论分析和总结。

不可否认，创新和科技无论是对有限供给传统经济部门，还是对无限供给新经济部门，都有着重要的作用。但相比较而言，有限供给传统经济部门更加倚重机器、设备等物质资本；而无限供给新经济部门的技术、知识、数据等智慧资本的密集程度通常高得多。为了便于讨论，同时也为了突出有限供给传统经济部门和无限供给新经济部门增长方式的差异，我们不妨借鉴索洛等人的做法，假设有限供给传统经济部门的技术进步是一个外生变量，作用是提高经济生产效率；而把无限供给新经济部门的智慧资本假设为内生变量，是创造无限供给产品的核心资源。

构建一个规范的动态数学模型来描述新二元经济的增长是个极其复杂并极具挑战性的工作。为避免复杂的数学模型和数学推导影响读者的阅读兴趣，在此，我们尽量选择通俗的语言和简单的数学工具，来描绘和讨论新二元经济增长的基本机理和主要特点。

我们假设一个经济体由两个部门组成：有限供给传统经济部门依靠投入劳动力和物质资本，生产有限供给的物质产品；无限供给新经济部门则先利用劳动力（人力资本）创造智慧资本，再在此基础上结合物质资本生产出可实现无限供给的产品。对于有限供给产品，度量其产量相对容易，按照常规做法即可。对于无限供给产品，如何度量其产量或产值则稍显复杂。无限供给产品尽管具有无限供给能力，但只有与有效需求相对应，在市场上完成实际销量的供给才是真正的有效供给量。因此，我们以有效供给量，也就是市场销量来度量无限供给产品的产量（产值）。

在刘易斯的传统二元经济中，农业部门存在大量边际生产率为 0 的闲置劳动力，因此工业部门可以用几乎固定的低成本从农业部门源源不断地吸收劳动力。在新二元经济中，这种情况不复存在，无论是资本还是劳动力，有限供给传统经济部门和无限供给新经济部门都会进行市场竞争。

我们用 a 代表有限供给传统经济部门，b 代表无限供给新经济部门。有限供给传统经济部门的生产函数为 $Y_{at} = A_t \cdot f(L_{at}, K_{at})$，$L$ 和 K 分别代表劳动力和资本，A 代表技术水平，t 代表时间。

无限供给新经济部门雇用劳动力进行研发，创造智慧资本，我们用 X 来代表智慧资本总量，[①] 同时假设劳动力依据市场规则可以在部门间自由流动。一般而言，智慧资本一旦被创造出来，便不会消失。但是，智慧资本可能会因时间推移而过时，比如说，去年的游戏创意今年可能不再流行，早年书写的软件代码，现今已经没有太多用处；也可能会因为时间流逝而失去知识产权保护，外化成公共产品。因此，我们可以借鉴固定资产折旧的做法，假设智慧资本存量每年会老化、减值某一固定比例 δ（$0 \leq \delta \leq 1$）。

我们假设 t 时段新创造的智慧资本为 $\Delta X_t = B_t \cdot g(L_{bt})$，则 t 时刻智慧资本的总量 $X_t = (1-\delta) X_{t-1} + \Delta X_t$。这里 B 代表无限供给新经济部门的研发效率，类似于有限供给传统经济部门

---

① 智慧资本 X 可以被视为某种指数，或借鉴罗默的做法，将其视为（无限）供给产品的设计数量。

的技术水平参数 A。从各国新经济（无限供给经济）发展的经验看，B 与教育水平、研发环境、行业基础设施条件以及行业（新经济）发展经验都有重要关联。

更进一步，我们假设经济体利用智慧资本 X 和物质资本 K 生产无限供给产品。我们将一个经济体生产无限供给产品的种类（以及质量）定义为无限供给产品的产出力，并记作 Q。我们这里对产出力的处理方式与罗默在其 1990 年发表的关于内生增长的经典论文中，将技术表示为设计数量的处理方式颇为相似。我们假设 Q 是智慧资本 X 和物质资本 K 的如下函数 $Q_t = h(X_t, K_{bt})$。

对每一种无限供给产品而言，一旦被研发、生产出来，生产成本就被固化了（当然，这里没考虑所有商品都存在的销售成本），其经济效益或收益则与销量成正比。很自然，市场上人口越多，产品销售量通常也会越多。我们假设市场总人口 N 就等于劳动力人数 $N = L_a + L_b$，为方便起见，我们不妨假定其为常数。我们假设市场上任意一人购买无限产品的概率为 p，那么无限供给产品的有效供应量或销量为 $Y_{bt} = p \cdot N \cdot h(X_t, K_{bt})$。整个经济的总（有效）产出 $Y_t = Y_{at} + Y_{bt}$。经济的总产出一部分被当期消费，另外一部分作为储蓄被投至 a 或 b 部门，作为投资进入生产过程，将储蓄率假定为常数 s。也就是说 $K_t = K_{at} + K_{bt} = K_{t-1} + s \cdot Y_{t-1}$。和劳动力一样，物质资本也可以在两部门之间依照市场化原则自由流动。

很显然，上述假设会导致两个部门的资本积累存在动态变化，劳动力自由流动也会导致经济结构产生动态改变，能让我们有机会分析经济动态增长和产业结构变化。

对以上二元经济模型进行分析和数学推导，我们发现：

第一，无限供给新经济部门的出现和发展，会引发经济资源配置的重大调整，并对社会财富增加产生重大促进作用。如果参数选择合理，劳动力和资本会在相当长时间内持续由有限供给传统经济部门流向无限供给新经济部门。

第二，在新二元经济体系里，人口或市场规模不仅会影响社会总财富，还会对人均产出和经济增长速度产生重要影响。这个结果与传统经济理论，尤其是索洛等人的增长理论存在显著差异，在索洛的古典增长模型中，人均资本和技术水平是决定人均财富的全部因素，与人口规模无关。

第三，市场规模对经济结构同样有着重要影响。市场规模越大，无限供给新经济部门越红火，在经济总产出 Y 中的占比越高。市场规模会直接影响经济结构是一个非常有趣的结果。按照这一结论，各国产业结构变动将不仅与经济发展水平有关，还与人口数量有关。因此，简单按人均收入来对比或预测产业结构发展趋势可能失之偏颇。

第四，研发效率参数 B 对无限供给新经济部门的发展也有重大影响。效率越高，产业结构越向无限供给新经济部门倾斜，整体经济发展水平也越高。因此，加大教育投入、改善研发环境、强化新经济领域基础设施建设意义重大。

我们正在着手构建更严谨、更规范的数学模型，来分析新二元经济的发展规律。有关这方面的工作，欢迎感兴趣的读者随时关注。

各国新二元经济发展的实证解读

市场规模、国民教育水平、创新能力等因素决定了世界不同国家数字经济的发展水平和经济结构的差异。从有关数据来看，世界各国数字经济发展状况与新二元经济理论高度吻合。

新二元经济理论不只关心经济总量的增长，更关注各国经济发展过程中的经济结构变化以及生产要素在不同经济部门之间的流动。无限供给新经济部门的出现和发展，会引发经济资源配置的重大调整和产业结构的巨大改变，并对社会财富增加产生重大促进作用。人类进入信息化时代，特别是进入21世纪以来，各国以数字经济为主要代表的无限供给经济取得了突飞猛进的发展。

尽管在对数字经济的定义和统计口径上没有建立起一套全球通用的标准，但无论依据中国信通院的广义口径，还是按照美国商务部的狭义口径，或者其他权威机构的口径，数字经济增速都超过了传统经济增速，数字经济在各国 GDP 中的占比越来越高，无限供给经济规模不断迅速扩大，这已经成为一个全球现象、全球共识。这种现象和我们的新二元经济理论完全一致。我们预测，全球数字经济的高速发展还会持续相当长的时间。

新二元经济理论认为，市场规模越大，对无限供给经济的发展越有利。因此，人口多、数字经济用户（互联网用户）多的国家和地区，数字经济发展会更好。第三章的图 3.8 提供的各国数字经济发展指数印证了这一结论。该图显示，在人均收入水平相近的国家（地区）中，人口大国数字经济发展水平整体好于其他国家。美国、中国、印度等人口大国，与各自人均收入水平相当的国家比，数字经济发展水平领先很多；俄罗斯、墨西哥等人口规模较大的国家，数字经济发展水平也明显高于人均收入相当的其他国家的发展水平；比较而言，希腊、文莱、巴巴多斯等小国，数字经济发展指数则落后于各自人均收入水平相近的国家。

市场规模对于无限供给产品生产的重要性，对全球贸易格局也可能产生重要影响。从物理属性上讲，以互联网、应用软件等为代表的无限供给产品是最不受地域或边界限制的产品；

而从经济属性上讲，对于无限供给产品，市场规模是直接进入生产函数的重要资源。为别国无限供给产品供应商提供市场，实际上就是在为别国企业提供核心资源。为了将市场资源留给本国企业，贸易保护主义可能会在部分国家抬头。数据是无限供给经济的核心要素，而数据安全又涉及各国主权问题和安全问题，使得以数字产品为代表的无限供给产品贸易变得更加复杂。数字主权、数据安全既是高度敏感的现实关切，也容易演变成部分国家（经济体）贸易保护主义的工具。例如，特朗普政府以国家安全为由打压微信海外版 WeChat 和抖音短视频国际版 TikTok，欧盟以反垄断或数据安全为由处罚脸书等，或多或少都带有贸易保护主义的色彩。

我们在前面的理论分析中特别谈到，知识资本和智慧资本的创造与积累，是包括数字经济在内的无限供给经济增长的核心驱动力。智慧资本的创造和一国的经济实力、人力资本与国民教育水平、创新能力、创新环境，以及相关的基础设施条件等众多要素有关。因此，基础设施好、教育水平高、研发实力强的国家，在无限供给经济领域发展更具优势；经济和研究创新条件落后的国家，在无限供给经济发展中则处于劣势。中国信通院和阿里研究院的数据充分说明了这一点。图 3.8 清晰表明，一国（地区）的数字经济发展水平，和当地人均 GDP 水平存在显著正相关关系。依据中国信通院按广义口径测算的数据，2019 年发达国家数字经济占 GDP 比重为 51.3%，发展中国家平均为 26.8%，而中低收入国家只有 17.6%。中低收入国家不仅 GDP 规模和数字经济总量小，在 GDP 中的占比也低。这些国家与发达国家在数字经济规模上的差异，是 GDP 差异的近三倍（见图 3.7）。在各发展中国家中，中国数字经济发展一枝独秀。这主要得益于中国在政策方面的鼓励，市场红利，以及过去几十年中国教育、科技水平的快速提高。中国在新经济领域的创新能力和总体研发水平已处于世界前列。

经济结构的变化必然伴随着劳动力和资本的跨部门流动。在无限供给经济快速增长的同时，数字经济等无限供给新经济部门的就业人数也在不断增加，这是全球各国的共同现象。无限供给经济发展所依赖的智慧资本来源于人类的创造和积累。从一个国家、一家企业内部来讲，不同类型的劳动力创造和创新能力大不相同。那些受教育程度高、人力资本强大、创造创新能力强的高端劳动力，在无限供给新经济部门中发挥的作用显然会更大，就业前景会更好；而低端劳动力在智慧资本创造方面则难有用武之地。

上述状况会导致社会劳动力的分化进一步加剧，脑力劳动和体力劳动之间的差异存在进一步扩大的趋势。由于智慧资本不仅用于生产无限供给产品，而且在有限供给产品部门也会被大量使用，并对人类劳动产生相当程度的替代，导致传统有限供给产品生产部门就业岗位减少。在这一过程中，数字技术、机器人、智能制造技术的广泛使用，导致经济发展对人类体力付出的依赖程度不断降低，体力型劳动越来越被智能机器所取代，是最为显著的趋势。近年来中国制造业部门的劳动力流失现象已经比较突出，这和科技进步以及企业生产数字化、智能化水平的提高有一定关系。

　　无限供给经济的繁荣，以及科技创新对经济发展推动作用的增强，使得企业对劳动力素质的要求越来越高，劳动者面临的竞争压力也将随之继续加大。由于职场竞争越来越激烈，"内卷"已经成为描述中国高校学生和年轻职场人士特征的流行用词。这些现象值得引起社会的广泛关注并妥善应对。

第八章

大变局中的经济转型与传统经济再造

经济转型的必要性

　　现阶段中国经济转型是经济发展到一定水平之后的历史必然，有着需求能力、资源承载能力、供给能力和技术能力变革等多方面深层次的原因。

　　中国经济必须转型，传统企业需要升级，这是中国经济发展到一定阶段的历史必然。主要有以下几方面原因。

　　第一，从增长模式看，中国改革开放前期的经济增长主要遵循的是刘易斯传统二元经济模式，也就是劳动力红利。当时的中国农村存在大量的闲置劳动力，可以源源不断地向城市的工业部门输送。廉价、丰富的劳动力促进了中国的工业化及经济的高速增长。而且为了发展经济，中国对所付出的环境代价的重视程度也不够。现在，农村富余劳动力大量减少，中国经济已经进入"刘易斯拐点"，从传统二元经济模式转向新二元经济模式。

第二，从需求侧来看，传统产业中的许多产品市场需求日渐饱和，市场增长空间非常有限。需求层级上升使得高端产品有了良好的增长前景。中国经济必须进行结构性改革，以满足消费升级的需要。而且，也只有这样，中国经济才有以较快速度进一步增长的空间，实现可持续增长。

第三，从环境承载能力看，中国有限的自然资源禀赋无法支持高资源消耗、高能源消耗、高环境消耗（高污染）行业的持续高速增长。中国必须寻求更先进的技术以降低资源的消耗，减少对环境的破坏，必须用更多人造资源（技术、创意、数据）来替代自然资源，只有这样，中国经济才能实现可持续增长。

第四，从供给侧来看，中国产业结构失衡现象严重，中低端产业产能过剩，高端产业则供应不足，增长空间较大。现在正处于信息和数字技术革命的关键时期，技术创新不仅可以提高生产效率，更能创造出新的产品和服务以提高人民群众的生活质量，更好地刺激和满足市场需求，促进中国经济持续发展。

第五，从历史上看，第一、第二次工业革命，中国基本是局外人，甚至是受害者。新一次工业（技术）革命，是中华民族复兴的重要机遇。

我们先来详细讨论一下需求侧方面的原因。亚当·斯密曾在《国富论》中断言："消费是一切生产的唯一目的。"人类的经济活动，归根结底，是为了满足人类生存、生活和享受的需要。然而，人类对任何一种产品的需求和服务，并非无穷无尽。比如，人人都要吃饭，但每个人能消费的粮食有限；人人都要睡觉，但每个人睡觉时只需要一张床。基于供求平衡的法则，当某种或某类产品的需求得到充分满足时，继续快速提高产量必然导致过剩，造成资源浪费。

为了实现经济可持续发展，当经济发展到一定水平之后，一个经济体必须寻找新的需求增长点，生产出新的产品（服务）以满足新的消费需求。按照马斯洛需求层次理论，就是不断创新的产品和服务，以满足人们消费层次上升的需要，实现消费升级。① 对于已经供应充足，甚至供过于求的产品、行业，产品数量的增长已经没有空间。此时，企业要做的要么是寻求产业转移，进军新行业，此谓转型；要么是对现有产品进行实质性改进，以求将产品做得更好，此乃升级。人类对许多产品的

---

① 微观经济学理论也早已证实，越是高端的需求，收入弹性越大。基础性需求、刚性需求的收入弹性一般较低，基础性需求的增长速度会低于收入的增长速度，导致收入越高，基础消费支出在收入中的占比越低。

需求数量是有限的，而对于产品的品质追求却可能永无止境。

改革开放初期，中国经济异常落后。1978 年，撒哈拉沙漠以南非洲国家人均 GDP 是 490 美元，中国人均 GDP 只有 156 美元，不及其 1/3。当时，中国 81% 的人口生活在农村，从事效率极低的简单农业劳动，84% 的人口每天的生活费达不到 1.25 美元的国际贫困线标准，处于典型的短缺经济，几乎所有产品都处于供不应求的状态。这个阶段，中国经济增长的最大制约因素或瓶颈在供应端。此时，只要能快速增加投入、扩大产能，经济就能高速增长，需求一般不是问题。

经过改革开放以来的高速发展，中国经济规模和发展水平有了奇迹般的进步。按照购买力平价计算，2014 年中国已经是世界上最大的经济体。即便按汇率计算，2019 年，中国人均 GDP 也已突破 1 万美元大关。伴随经济总量不断扩大，相当一部分产品、行业供需关系发生了根本性转变，从供不应求，变成了产能过剩，代表行业包括钢铁、水泥、平板玻璃、电解铝等。需求见顶成了许多行业继续增长的严重阻碍，并且这种阻碍难以通过需求刺激和管理政策化解。另外，由于经济发展带来的需求层级提升，中国的供给体系总体上是中低端产品过剩，高端产品供给不足。因此，调整供给结构，化解供需矛盾，成了中国经济持续发展的必然选择。

接下来我们再详细分析一下资源承载能力方面的原因。任何一个国家，其自然资源都是有限的。在一国经济发展的早期阶段，由于尚有足够的自然资源未经开发，通过大力开发自然资源以谋求经济快速增长是可行的。但有限的资源终有被充分开发，甚至过度开发的一天。当经济发展达到相当规模，自然资源已经被充分开发之后，继续依赖自然资源实现经济增长的模式必将受到挑战。

我们在第五章曾经谈到，早在 1972 年，梅多斯等人在《增长的极限》一书中，就对重度资源依赖经济增长模式的不可持续性发出了警告。传统的粗放式的工业化道路，导致全球性的资源过度开发、环境污染和生态破坏，使人类社会陷入严重困境。

由于人口众多，中国其实是一个人均资源十分有限的国家。在改革开放初期，由于技术水平落后，经济发展水平低下，为了实现快速经济增长和工业化，改变中国贫穷落后的面貌，中国选择了一条以初级产品加工为主的低端制造业发展道路：不仅以资本高投入支持经济高速增长，而且以资源高消费、环境高代价换取经济繁荣。然而，这种粗放的经济发展模式也带来了一系列严重的环境和生态问题，高速的经济增长变得不可持续。

只有节约资源，保护环境，减少污染物质的排放，减少经济活动的（自然）资源依赖度，才能使中国的高速经济增长可持续。由于中国人均土地面积和资源储量都远远低于国际平均水平，中国要想使经济可持续发展，就必须采用最能保护环境的生产方法和最能有效利用资源的先进技术。因此，中国传统产业转型升级是资源约束的必然结果，是中国经济实现可持续发展的不二选择。

在这里，我们想特别谈论一下自 2020 年以来特别热门的"双碳"话题。大量的科学研究表明，当前严重威胁人类生存和发展的气候变化与人类工业化生产导致的二氧化碳过度排放密切相关。应对气候变化的关键在于"控碳"。在 2020 年第七十五届联合国大会上，我国向世界郑重承诺力争在 2030 年前实现碳达峰，努力争取在 2060 年前实现碳中和。2021 年政府工作报告明确提出要扎实做好"双碳"——碳达峰与碳中和各项工作。因此，改变发展方式，减少碳排放，既是中国人民繁衍生息，幸福健康的需要，也是中国大国担当的体现。

接下来我们谈谈供给结构、供给创新，从供给创造新需求以及新产品替代传统产品的角度来谈谈中国经济转型升级的意义。

我们已经谈到，伴随经济发展，人类需求会升级——低端需求趋于饱和，而高端需求会日益增加。需求结构发生变化，供给结构也必须进行相应调整，以求供求之间数量平衡、结构匹配，经济才可能协调发展。2010 年以后，中国供需关系结构性矛盾日益突出：一方面，传统产业普遍产能过剩、效率低下，另一方面，高端技术行业存在明显短板。因此，需要进行供给侧结构性改革，为真正扩大内需、实现高质量的经济发展寻求新路径。

科技和创新是供给侧结构性改革的利器。高端需求需要高端的产品和服务来满足。许多高端产品和服务没有相应的技术和创新能力，是生产不了的。

纵观人类的经济发展历史，尤其是近现代经济史，人类发明创造、创新变革无疑是经济进步、人民生活改善最重要的推动力。新的技术和创造带来新的产品、新的行业，创造出新的需求，为经济发展持续注入活力。比如，人类发明了电灯，创造出用电照明的需求；人类发明了飞机，才能有更多环球旅行的需求；人类发明了智能手机和相关应用软件，网络社交、即时通信等需求才得以满足；干细胞技术的不断发展和日趋完善，使越来越多的人尝试注射干细胞以调养身体，增强体质。

科学技术是生产力，这是一句名言。然而，这句话在历史上可能被过度狭隘地解读过——简单地把科技视为提高劳动生产率的手段。许多文献，包括宏观经济理论中的大量著名模型，如索洛增长模型，都仅仅将科技作为提升生产效率的工具。其实，科学技术不仅能提高生产效率，而且是创造新产品、开拓新经济领域的重要工具。在传统领域市场相对饱和，无法驱动经济持续高速增长的情况下，只有依靠科技开疆辟土，开拓新的产业领域，创造新的需求增长点，经济持续发展才能有不竭的动力。

当今世界经济正处于百年未遇之大变局当中，数字化、智能化、新能源、新材料、生命科学等新技术、新产业的发展如火如荼。在第一、第二次工业革命中，中国完全被边缘化，成为局外人。在 1840 年以后长达 100 多年的时间里，西方列强利用技术优势以及先进技术带来的经济、军事实力侵略中国、欺凌中国、劫掠中国。在新一轮技术和产业革命中，中国终于可以和西方大国基本站在同一条起跑线上了。可以说，现今百年未有之大变局，恰是中国实现从代工、模仿、追随到赶超，实现产业转型升级跨越式发展的绝佳机遇。

数字化革命与中国经济转型升级的战略机遇

数字化革命是中国经济转型的战略机遇。受益于政策（制度）优势、新经济基础设施相对完善的优势以及巨大的市场红利，中国数字经济发展迅速，产业数字化和数字产业化都取得了重要成就。

每一次技术革命都会带来经济的巨大进步和生产方式的重大改变。人类经济已经进入数字化、网络化、智能化的全新时代，这一进程依旧在加速发展之中。数字化和智能化发展，已经从根本上改变了人类的生产方式、生活方式，使人类生活进入了一个崭新的境界。

首先，数字和智能技术的兴起，大大改进了企业运营管理的方式，提高了企业运营管理的效率。数据技术对于改善企业资源管理（ERP）、供应链管理有巨大的功用；数据技术对设备运营、检测、维护也助力良多；智能化装备、工业机器人和互联网技术的广泛应用，可以大大改善制造业的生产效率、产品质量和资源消耗；数据技术还可以帮助企业了解客户，更好地满足客户的个性化需求。

其次，数字化、智能化以及新能源、新材料技术的使用，可以发展更绿色、更节约资源的经济。比如说，数字媒体替代纸媒、电子书替代纸质书，不仅可以扩大书报刊物的覆盖面，也可以节省大量纸张；数码照片、数字影音作品的流行，减少了大量的胶卷、磁带等资源消耗型产品的生产和使用；氢能、风能的使用和逐渐普及，让能源可再生、更清洁等。

最后，新技术、新模式创造了许多前人未曾享有，甚至未曾想象的新产品、新服务。随时随地的视频聊天互动、服务型机器人、智能家居、卫星导航、自动语言翻译、网约车、自动驾驶汽车等，这些都是前人从未享受过的产品和服务，现在正变成寻常百姓生活的一部分。

我们在前面多次提到，数字化革命通常被分成两个重要部分，分别是产业数字化和数字产业化。

产业数字化是指在数字科技的支撑和引领下，以数据为关键要素，以价值释放为核心，以数据赋能为主线，对产业链上下游的全要素进行数字化升级、转型和再造的过程。[①]简单地讲，产业数字化就是原本存在的产业通过数字技术带动效率的提升和质量的改进。产业数字化在微观、中观、宏观三个层面都有重要意义。微观上，数字化助力传统企业蝶变，再造企业质量和效率新优势。传统企业迫切需要新的增长机会与发展模式，快速迭代及进阶的数字科技为传统企业转型升级带来新契机，传统产业成为数字科技应用创新的重要场景。中观上，数字化促进产业提质增效，重塑产业分工协作新格局，改善产业供应链管理效率。宏观上，数字化是创造新的经济发展机会，加速新旧动能转换的新引擎。数字科技的广泛应用和消费需求的变革催生出共享经济、平台经济等新业态、新模式，促进形成新一代信息技术、高端装备、机器人等新兴产业，加速数字产业化形成。

近几十年来，特别是近十几年来的信息技术变革，其本质是信息化，从技术效果上看是一个生产数据的过程，十多年前还被零零碎碎地手动输入的数据，已被各种新工具不断采集和存储，各行各业或多或少都拥有着自己的数据资源。从自身累

---

① 国家信息中心信息化和产业发展部、京东数字科技研究院发布的《携手跨越 重塑增长——中国产业数字化报告 2020》，2020 年 6 月。

积的历史数据中使用合适的分析方法，找到原本凭借职业经验与直觉找不到的"规律"，解决自身实际问题，这就是数据创新。这种创新优化了商业模式、提升了经营效率、改善了用户体验，甚至完善了企业经营模式与文化。

当然，我们也注意到许多人担心数字经济发展可能会影响或颠覆传统产业，抢传统产业的饭碗。这种担心虽然不完全是杞人忧天，但也过于片面。

首先，如前（第二章）所述，数字经济、无限供给经济和传统有限供给经济不是完全竞争关系，而是竞合关系，数字经济和传统经济融合程度不断提高。数字化赋能，人工智能的应用对于提升传统产业的生产效率、运营效率、管理效率有着非常重要的作用。美的微波炉工厂是近年来广东省试点建设的"5G+工业互联网"应用示范园区之一。在企业的微波炉腔体组装线上，AI（人工智能）质检系统每两秒就可以完成从高清照片拍摄、上传、分析到输出质检结果的所有步骤，这是通过"5G+工业互联网"改造后的效率。目前，这家企业的数字化改造已覆盖研发、采购、生产、销售等环节，让生产更加智能高效。再比如，公共卫生管理和传染病防治是个传统行业。我们在第六章论述的大数据技术对于 2020 年中国新冠肺炎疫情防控所做出的贡献，是数字技术赋能传统产业的又一鲜活案例。

其次，数字技术对传统产业的替代或颠覆，例如数码照相替代胶卷照相，数字音乐代替磁带，电商和商场相互竞争，总体而言，对一个国家的经济发展，特别是对消费者而言，利远大于弊。例如，数字音乐替代磁带，不仅加速了音乐的传播，让社会大众能够以更方便、更省钱的方式欣赏音乐，也节约了磁带生产所需要的大量资源。当然，也有人认为，电商的快速发展，大大压缩了传统商场的生存空间，对社会产生的负面影响很大。对此，我倒认为，市场是公平的，在新经济时代，传统商场的吸引力下降，恰恰说明电商购物对消费者而言更方便、更实惠。

最后，对数字技术广泛应用带来的一些负面影响，例如针对企业垄断问题、恶性竞争或滥用市场势力问题、通过网络传播虚假信息和贩卖假冒伪劣产品问题，我们更需要的是建章立制，强化监督和管理，而不是因噎废食，否定新技术、新业态的正面作用。

在我们看来，利用数字技术改进企业管理效率和生产效率，提高产品质量，正是企业升级的重要内容之一。对于因数字技术和互联网发展而受到巨大挑战，甚至难以为继的行业，要顺应大势，淘汰落后产能，寻求新的发展机会，这才是使企业基业长青的王道，也正是企业转型的意义所在。

数字产业化就是数字技术带来的产品和服务，例如电子信息制造业、信息通信业、软件服务业、互联网行业等，都是有了数字技术后才出现的产业。数字产业化基本上可以看作信息技术、数字技术的产业化。这些新技术包括人工智能、区块链、云计算、大数据等。数字产业化为活跃经济、拉动消费提供了快速增长的新领域，对于中国摆脱所谓"中等收入陷阱"有着重要意义。2019 年，中国数字产业化规模达到 7.1 万亿元，比 2016 年的 5.2 万亿元增长了 36.5%（见图 8.1），显著高于同期 GDP 增速，为中国经济可持续发展做出了重要贡献。

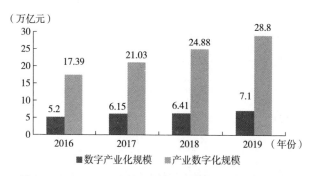

图 8.1　2016—2019 年中国数字经济规模与产业数字化规模

　　将数据消费作为新时代经济的新增长极，促进经济可持续发展，还有另外一个重要理由：数字经济通常更节约资源、对环境更友好。数字经济中使用的生产要素，如技术、数据等，主要来自人类的创造。与重化工行业、传统制造业相比，数字经济单位 GDP 的能耗和资源消耗，一般低得多，而且数字产业属于无烟产业，一般不会产生大量废弃物，不会污染大气，也不会污染水源和土壤。

　　由于中国没能抓住前两次工业革命带来的发展红利，与西方国家相比，中国在经济、教育、科技、军事等许多方面极为落后。落后就可能被欺凌，就可能会挨打，这是中国近代历史的真实写照。

这次以数字化、智能化为主要特征的新一轮技术革命，中国终于和世界经济强国基本站在了同一起跑线上。近年来，中国经济高速发展，教育、科技也有了长足进步。在数字经济领域，中国所取得的成就更是举世瞩目。由于政府对以数字经济为代表的新兴经济发展的高度重视，以及中国庞大市场带来的红利，中国数字经济增长速度名列世界前茅，这一点我们在前面章节已有论述。世界上市值最高的新经济企业，大多不是来自美国，就是来自中国。

中国发展新经济有许多独特优势。第一，当然是制度优势。新经济发展需要新的法律规范和政策制度，或者说需要突破传统政策、制度对新经济发展的束缚。中国在立法和政策制定方面的效率明显较高。第二是基础设施方面的优势。经济发展离不开基础设施的支持。近20年来，中国在通信、互联网等基础设施建设方面投入了大量人力物力，为智能手机和互联网的普及，为新经济高速发展奠定了坚实的基础。为了更好地促进新经济发展，为经济新旧动能转化提供更加优越的基础设施环境，中国正在加速推进新一轮的新经济基础设施建设（新基建），涵盖5G网络、特高压、大数据中心、人工智能、工业互联网等方面的基础设施。第三就是中国的市场红利。新经济，特别是数字经济中的大量要素和产品是无限供给的。前面我们已经多次陈述，对于无限供给经济，市场规模是影响经济总量和经济增长的重要因素。市场越大，对无限供给经济的发展越有利。

熊彼特的创新理论与传统产业升级

　　根据熊彼特的创新理论，改变社会面貌的经济创新是长期的、痛苦的"创造性破坏过程"。面对创新带来的"破坏性"影响，传统产业只有顺势而为，快速求变，才能适应新的生产方式和新的要素。

　　100多年前，熊彼特就对创新做出了极为深刻的阐述，并影响至今。熊彼特认为"创新"即将原有生产要素重新组合为新的生产方式，以求提高效率、降低成本。在熊彼特经济模型中，成功"创新"的企业便能够摆脱利润递减的困境从而生存下来，那些不能够成功地重新组合生产要素的企业会最先被市场淘汰。按现在流行的语言，也就是创新乃企业生存与发展之道。

在竞争性的经济活动中，新组合意味着通过竞争的方式消灭旧组织、旧生产方式。创新和消灭可以发生在两个不同的经济实体之间，也可以是经济实体内部的自我更新。根据熊彼特的创新理论，改变社会面貌的经济创新是长期的、痛苦的"创造性破坏过程"，它将摧毁旧的产业，让新产业有崛起的空间。然而，面对这个"创造性破坏过程"，熊彼特特别指出："试图无限期地维持过时的行业当然没有必要，但试图设法避免它们一下子崩溃却是必要的，也有必要努力把一场混乱——可能变为加重萧条后果的中心——变成有秩序的撤退。"

熊彼特进一步指出，作为资本主义"灵魂"的企业家，其重要职能就是实现创新，引进生产要素新组合；所谓的经济发展就是指经济社会不断地进行这种新组合，而经济的周期性波动正是起因于创新过程的非连续性和非均衡性，不同的创新对经济发展产生不同的影响，由此形成时间各异的经济周期。

尽管熊彼特讨论的是 20 世纪资本主义经济发展的特点，但对当下中国的市场经济建设和发展依旧有着重要的启发和借鉴作用。中国经济要实现可持续、高质量发展也必须依靠创新来推动。

第一，创新是企业家的核心品质，竞争则是市场的铁律。引领企业不断创新以期在激烈的市场竞争中长期立于不败之地，并源源不断地创造利润，是企业家的本分，也是企业家价值的体现。

第二，创新是企业生存和发展之道。市场是无情的，创新本身是一个创造性破坏过程。优胜劣汰、适者生存是市场经济的法则。在创造性破坏过程中，缺乏创新能力和创新意识的企业更容易被市场淘汰，尽管对当事人来说无比痛苦，甚至会带来某种经济波动，但整体而言，这是经济规律，不以人的意志为转移。

第三，创新不是一个渐进的、连续的、均衡的过程，并会因此引发经济的周期性波动。创新越具有革命性，对传统生产方式、传统要素组合也就越有破坏性。创造性破坏不是经济的倒退，而是更高层次经济发展的开始。

第四，面对创新带来的破坏性影响，传统产业只有顺势而为，快速求变，以适应新的生产方式和新的要素。为减缓革命性创新带来的经济转型"阵痛"，政府部门以适当的政策措施鼓励、帮助企业转型升级，并帮助企业获得合理的转型时间是有益的，但试图长期维持过时的行业不符合经济规律，不利于经济发展进步，既无必要，也不可能。

现如今，以数字化、智能化为主要特征的新一轮技术革命方兴未艾，包括中国经济在内的全球经济正处在创新大爆发的关键时期。发展数字经济、智能经济成为中国经济提升发展质量、实现可持续发展的不二选择。当然，我们也必须清醒地认识到，制造业，乃至农业依然是国民经济的基础，是民生之本。许多传统产业仍然有长期存在与发展的必要。把新经济与传统经济对立的观点并不可取。即使在高度发达的国家，比如美国，仍有一批传统产业在蓬勃发展，甚至喊出了制造业回归的口号。

毫无疑问，诚如熊彼特的理论所述，新经济的发展带来了要素组合和生产方式的重大改变。部分传统产业，如磁带、收录机、VCR（盒式录像机）等传统电子产品制造行业，传统商场，传统照相馆，邮政服务，书店等受到了严重冲击。新旧产业的碰撞和经济的结构性变化日益凸显，但是，从大趋势上看，新经济的发展和新技术的采用，也会大大提高许多传统产业的生产效率和产品质量。许多传统产业能够，也应当与新兴产业相互渗透、相得益彰。一个显而易见的事实是，由于数字技术和其他新技术的使用，我们的汽车更舒适、更易于驾驶；我们的家用电器更智能、更节能；我们的物流更便捷、更高效；我们的出行更轻松、更舒心。

面对变局和新的技术革命，传统经济的各行各业所受到的影响不大相同。有些行业因"创造性破坏"而被颠覆，其产品和服务可能因为新的、更好的产品和服务的出现而惨遭被替代、被淘汰的命运；有些行业则因新行业的竞争而盈利能力下降；一些行业则能与新兴行业相互融合，找到新的发展轨道和发展机遇；还有一些行业则可以借力新的技术和理念，实现自我升华。

需要指出的是，行业被颠覆不等于企业被淘汰。因为企业可以转型，去开辟新的天地。

在新经济快速发展的过程中，传统企业为了避免被淘汰，为了提升产品质量和竞争力，为了谋求更好的发展机会，也必须创新求变，力求适应经济变革大趋势，实现与新经济的融合发展。然而，由于不同企业受到的影响不同，以及与新经济的融合度不同，创新升级也必须因地制宜，根据企业和行业情况选择适当、合理的方式。有关传统企业升级的战略和战术问题，我们稍后会做出更进一步的分析。

传统企业转型升级的战略与战术

对传统企业而言，无论是要抓住新经济发展带来的新机遇，还是要防止新经济带来的颠覆，转型升级都在所难免。企业能否在转型升级方面取得成功，取决于企业家在制定正确转型战略时的洞察力、创新力、决断力。就具体的转型升级方法而言，企业必须依据自身的资源禀赋，做出正确的选择。

技术革命既可能为传统企业带来新的发展机遇，也可能造成创造性破坏或者叫作颠覆。就传统企业而言，无论是要抓住新经济发展带来的新机遇，还是要防止新经济带来的颠覆，转型升级都在所难免。

图 8.2 给出了基于行业吸引力—业务实力二维坐标的企业转型战略决策的简单框架。

业务实力

		强	中	弱
行业吸引力	大	Ⅰ：优先投资。即大力投资发展，寻求行业支配地位	Ⅱ：择优投资。增强竞争能力，力争行业领先地位	Ⅲ：投资发展以增强竞争力或退出
	中	Ⅱ：择优投资。保持行业领先地位	Ⅲ：识别有前途的业务进行投资	Ⅳ：减少投资，逐步退出
	小	Ⅲ：认真考虑转型事宜，或在维持行业竞争地位的同时，考虑培育新的增长点	Ⅳ：减少投资，逐步退出	Ⅴ：回收投资，及时退出

图 8.2　行业吸引力—业务实力矩阵

并不是所有传统产业都会因为新经济发展而黯然失色。如果企业的某项业务处于一个具有发展潜力，吸引力较大的行业，且企业在该项业务上有较强的竞争优势，则企业应当集中资金与其他资源，优先支持该项业务的发展，寻求行业支配地位，企业对于新经济的关注更多应该考虑如何借助新技术、新业态使原有业务获得更好发展。

如果因为新技术和新业态的出现，导致某个行业吸引力严重下降甚至被颠覆，发展前景堪忧，则企业需要果断退出该行业，回收资金，实行战略转移。在考虑战略转移时，企业应当尽可能发挥原有人力、物力的作用。

如果企业因未能及时吸纳新的技术导致企业竞争力下降，但所处行业仍有较大吸引力，则企业应研究有无机会通过投资、研发，快速吸纳新的技术以强化竞争优势，赶超已处在行业领先地位的竞争对手。这一战略其实就是企业层面的升级。如果企业有足够把握追赶甚至超越，则实施该追赶、升级战略；如果企业追赶机会渺茫，则应考虑退出该行业，实施转型战略。

上述分析框架阐述的道理并不复杂，但具体实施起来却并不简单。企业能否在转型升级方面取得成功，影响因素有很多。其中比较重要的因素是企业家和企业核心人员的洞察力、创新力、决断力。企业家当断不断、缺乏长远眼光，会导致企业错失转型升级的良机。

我们已经讨论了在技术大变革的年代，传统企业（旧经济企业）转型升级的必要性。企业必须依据自身的资源禀赋，选择正确的转型升级方法。我们将传统企业转型升级的方法粗略地分成了以下几种类型。

第一种是自主研发型，企业依据新技术、新经济业态发展现状和趋势，结合企业自身行业经验、研发能力进行自主研发创新，对生产技术、生产流程和产品加以升级改造。第二种是技术引进型，引进新的先进技术、先进理念并消化吸收，在此基础上对企业生产管理和企业产品进行升级改造。第三种是关停淘汰型，对于落后产能和过时产品，应以壮士断腕之勇气，及时关停、淘汰、剥离，回收资金，聚焦有发展前景的产品，或进入新行业。第四种是收购兼并型，通过并购方式，获取进入新兴行业的技术和相关资源，帮助企业实现快速转型。

必须强调，创新和转型是有风险的。按照熊彼特的观点，创新风险与利润成正比。尽管如此，传统企业的创新、转型也必须依据企业自身条件和能力，实事求是，切忌好高骛远。如果转型升级能充分结合企业已有的行业经验和资源禀赋，在关联领域寻找转型、突破，代价一般相对较小，成功率也会高一些。

传统企业数字化改造

数字化是驱动传统制造业不断向中高端迈进的利器，有助于推动传统产业链的升级。对规模化企业来讲，当前探讨数字化转型的重点是企业的全面数字化重塑。企业关于数字化转型的认识要尽快由工具改造思维，转型变成"真正的数字化企业"思维。

数字化是现代经济发展的一个重大趋势，是新二元经济时代数字经济和实体经济、无限供给经济和有限供给经济融合发展的象征。前面已经谈到，数字化包含两个层面，一个是数字产业化，另外一个是产业数字化。产业数字化，从本质上讲，其实就是传统产业，包括制造业、服务业甚至农林牧渔业的数字化升级或再造。

依据查尔斯·汉迪所著《第二曲线：跨越"S型曲线"的第二次增长》中的观点，企业发展要经历一个从"初创期""成长期"到"成熟期""衰败期"的生命周期，其运动轨迹呈S形，被称为"第一曲线"。为了实现持续发展，避免衰败，企业需要在第一曲线高峰到来之前，找到一条新的发展道路，新的曲线，通过非连续性的创新，帮助企业实现二次腾飞。这条新发展曲线就是"第二曲线"（见图8.3）。企业数字化转型不仅可以提高企业运作效率，延缓第一曲线极限点的到来，而且是寻找、开拓第二曲线的重要契机。

数字化是驱动传统制造业不断向中高端迈进的利器，有助于推动传统产业链的升级。首先，数字化与传统制造业的融合，强化了企业生产端与市场需求端连接的紧密程度，并催生出新的商业模式，开创企业第二曲线；其次，数字技术与制造业的融合可促进制造业实现智能化生产，优化制造业的内部结构和流程，助力制造业提升生产效率、产品质量和产品复杂度，降低生产成本，延缓第一曲线极限点的到来。目前，我国制造业内部结构正在不断向高端装备制造、信息通信设备和智能制造调整，数字技术的应用不断提高着制造业内部结构的科技含量，推动制造业智能化转型。

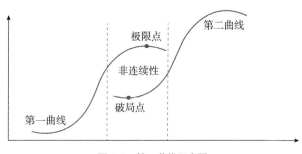

图8.3　第二曲线示意图

资料来源：李善友.第二曲线创新.北京：人民邮电出版社，2019。

　　数字化促进了制造业与服务业的融合发展，有助于推动传统服务业向现代服务业升级，重塑产业链并提升产业链水平。近年来，数字经济与服务业融合发展效果明显，极大地带动了第三产业的产值增加。通过构建大数据分析平台，将数字技术与传统零售深度融合，促进电子商务快速发展，驱使各类生产要素在市场上自由流动，可大力提高资源的利用效率。数字技术的应用也使新兴服务业得到快速发展，促使服务业内部结构不断优化，为第三产业转型升级提供助推力。在此，我们还想特别指出，数字技术的繁荣，催生了许多外部新业态、新物种，会对传统企业产生颠覆作用。

　　新二元经济时代，传统产业进行数字化转型、再造，既是企业利用新技术、新模式来提升效率，实现持续发展的内在需要，也有来自数字化新物种带来的外部压力和颠覆风险。如果不能跟上数字时代发展的步伐，许多传统企业不仅难以及时创造第二曲线，还会面临第一曲线极限点提前到来、企业提前衰败的风险。2020年9月，阿里巴巴保密运行了三年的项目——犀牛智造正式亮相。犀牛智造工厂是一个新物种，横跨制造与销售，从客户需求出发，运用了云计算、物联网、人工智能等技术，连通销售预测和柔性化制造。一般来说，服装行业是平均1 000件起订，15天交付的流程；而在犀牛智造工厂，这一流程缩短为100件起订，7天交货，比传统的服装生产企业效率提升了20倍。同时，在C2M（消费者对工厂）模式下，新品投入市场后，消费者的喜好、意见也会很快被反馈到服装的设计、生产过程中。可想而知，如果传统服装企业不能适应这种变化，快速进行数字化转型，就很难在新的市场竞争中生存。

按照经济学的基本常识，标准化有利于规模化，而规模化则有利于提高效率。数字化转型首先要解决的是标准化问题，即对纷繁复杂的企业流程（从采购、供应链管理，到接受订单、设计产品和生产制造，再到产品推广和销售）进行数字化转换，把非标准的管理和生产流程解构为"数据"（0和1的组合）这种标准元素。这一过程帮助企业实现了从无序繁杂到标准化的华丽转身。在实现各种信息数据化的基础上，企业再利用数字技术对相关数据进行连接和重构，高效生产出个性化的产品（服务）并进行数字化销售。[1] 这一过程其实就是在标准化基础上的规模化、集约化和高效化。借助于数字化技术的强大连接能力、解构能力和重构能力，企业不仅可以提升管理和生产效率，提高产品和服务品质，还可以创新产品和服务，打造新物种、新业态、新模式，实现更高层次的转型，提前进入第二曲线。国家发展和改革委员会曾经披露，据有关机构测算，数字化可使制造业企业成本降低 17.6%、营收增加 22.6%；使物流服务业成本降低 34.2%、营收增加 33.6%；使零售业成本降低 7.8%、营收增加 33.3%。[2]

诞生于 20 世纪 70 年代的美国耐克公司，早期以极客精神著称，它研发生产的鞋类等运动产品以科技感给消费者带来了全新的体验，并顺势把阿迪达斯拉下了运动鞋世界第一的宝座。1988—1992 年，耐克的销售额从 12 亿美元增长到 34 亿美元，市场份额世界第一。但是，随着消费群体的变化，耐克在经历了近十年的高速增长后遇到了增长瓶颈，第一曲线达到了极限点。20 世纪 90 年代初期，耐克市值达到顶点后，便开

---

[1] 举例来说，我们拍摄的每张照片都不相同。数据化就是先把每张照片解构，转换成由 0 和 1 组成的一组数据（代码）。有了这些数据，再利用相关软件、硬件，就可以将其重构、复原成可视的照片，并进行批量处理。

[2] 企鹅号，数字化的第二曲线：帮企业"拼"出新业务，https://new.qq.com/omn/20210317/20210317A06KSN00.html，2021 年 3 月 17 日。

始一路下滑。

网络上曾有一篇标题为《干掉耐克的绝不会是下一个耐克》的文章广为传播，文章的核心观点是，像露露乐蒙这样的新品牌，因为与消费者的距离更近，也更懂消费者，而成长得更快。意识到对年轻消费者的理解明显滞后，数字化转型很快成为耐克公司的战略方向，而非仅仅是营销策略。早在 2010 年，耐克就把原来在营销部门下的数字业务独立出来，数字化部门被提升至与研发、营销等核心部门同一层级。

随着战略的转向，耐克需要干掉原来的中间商。耐克首席运营官艾瑞克·斯普朗克曾说，当 Foot Locker（耐克经销商之一）在耐克下单的时候，这只是需求信号之一，而在今天，消费者的需求才是最终的需求信号。这也意味着，耐克需要直接听到消费者的声音。

为了直接与消费者建立联系，掌握消费者的真实需求，2012 年，耐克尝试 DTC 营销（Direct To Customer，指直接面对消费者的营销模式）企业转型，并在 2015 年把 DTC 营销作为公司战略正式提出。2017 年底，时任耐克首席执行官马克·帕克提出，"未来五年，数字渠道收入占比要从当前的 15% 提高至 30%"。由于数字渠道持续高增长，加上 2020 年受新冠肺炎疫情影响，这一目标在 2020 年已经实现，比原计划提前了三年。数字化直销真正成了耐克的第二曲线。

中国中化董事长宁高宁认为，实施公司数字化转型的核心是建设全面的数字化公司，打造全在线、全连接、全协同的数字化环境，以数字化和智能化的方式重塑企业组织关系和生产经营方式，重构客户服务和产品创新能力，培育企业新的核心竞争力。也就是说，数字化不仅带来一些新的工具、新的手段，更重要的是数字化导致商业环境发生了重大的变化，并因此带动整个商业逻辑发生重大转变。

认识数字化要把握住两个关键点：在线、连接。在数字化环境下，要实现一切业务在线，并且要实现一切关键经营要素的在线化连接。

在企业运行体系中，数字化将会形成以数据驱动为主体的新的企业运营体系，将会改变传统企业以人为主体的传统企业模式，形成数据决策、数据执行、数据协同的新的企业运行模式。由原来的"数据服务于人"，变成"人服从于数据"。这需要改变企业的组织模式、管理模式。

由于实现关键经营要素的在线化连接，特别是实现与用户的在线化连接，将会改变企业传统的营销模式。使企业传统的渠道体系、营销体系发生变革。

所以，对规模化企业来讲，当前企业探讨数字化转型的重点是企业的全面数字化重塑。企业关于数字化转型的认识要尽快由工具改造思维，转型成真正的数字化企业思维。要尽快建立系统化的数字化转型思维，而不能只停留在工具阶段。

从上述讨论可以看出，企业全面的数字化转型一定要触及企业的组织运行模式、营销模式的变革，触及企业流程的变革。

青岛海尔集团总裁周云杰对数字化转型提出了三点建议：

第一，要有清晰的商业逻辑，这是数字化成功的关键。如果企业新的商业逻辑不明确、不清晰，不要盲目去搞数字化，因为即便投入，以后也会"打水漂"，输入的是垃圾，输出的一定是垃圾。

第二，搞好数字化的顶层架构设计，有序开展，循序渐进。数字化不是进行简单的企业信息化改造，而是对原有模式的颠覆和重构。好比建一栋楼，要有正确的顶层架构设计。

第三，明确数字化的突破口。找准突破口立竿见影，会激励大家愿意做数字化，把钱花在刀刃上，才能有事半功倍的效果。

全面数字化转型因为涉及企业全面的数字化改造，必须是企业的顶层设计。从目前在数字化转型方面走在前列的企业案例看，无不是由企业老板率先转型、进行顶层设计、亲自主导的。海尔是这样，美的、TCL等相关企业也都是这样的。

最后，我们必须强调，数字化转型固然重要，但不是一蹴而就的事情。麦肯锡报告指出，2012年企业数字化转型成功率仅为20%，2014年这一数字为26%，略有上升，而2016年这一数字又回到了20%。由此可见，数字化转型如果商业逻辑不清楚，顶层设计和技术路线不严谨，失败风险就会很高。

案例：马士基的数字化转型 [1]

马士基集团成立于 1904 年，总部位于丹麦哥本哈根，在全球 135 个国家设有办事机构，是一家拥有多个品牌的运输和物流集团公司，也是集装箱运输和港口业务的全球领导者。这家拥有 100 多年历史的老牌企业，从各种角度看，都属于人们眼中的传统企业。

随着近十年全球经济增速放缓，在航运业的供需博弈中，货主端拥有了越来越多的话语权和重要性。在这样的背景之下，为牢牢抓住货主和市场，马士基集团制定了从世界最大的航运承运商全面升级为"一站式全球综合物流服务商"的整体业务战略。

在这一宏大的业务战略之下，马士基集团将数字化转型作为强有力的战略支柱；强调通过数字化为其主业实现持续的价值创造，而这些价值创造将成为马士基抓住货主的利器。具体而言，马士基数字化转型的众多举措均致力于在全球集装箱物流服务中为货主提升便利性（数字化一站式服务平台）、透明度（数字供应链）和高效率（基于区块链的全球贸易数字化平

---

① 贺晓青，许健，刘晓明，陈世耀 . 6 家欧美企业告诉你：如何避开数字化转型陷阱 . 财经，2019 年 5 月 27 日，以及其他网上公开资料，https://new.qq.com/rain/a/20201121A07MF80。

台 TradeLens ）。

在马士基集团的数字化转型中，不得不提的是具有行业革命性意义的 TradeLens。这是马士基于 2018 年与 IBM（国际商业机器）组建的合资公司，致力于联合开发和推广基于区块链的全球贸易数字化平台。

在航运业中，一个集装箱的物流全过程往往涉及十几个乃至几十个不同交易方、监管机构，不同交易方、监管机构的流程、手续也未必完全标准化，因此流程与参与方的复杂度使传统集装箱物流难以较好地兼顾流程效率、数据透明度与数据安全性。

这一行业痛点被马士基敏锐地捕捉到，并在其数字化转型过程中迈出了航运业商业化区块链技术的第一步，利用区块链技术兼顾了各方信息全程透明、显著提升流转效率、限制篡改 / 欺诈现象等各个方面。

具体而言，TradeLens 通过区块链技术建立了加密的分布式账本，以结构化的格式记录商业发票、装箱单、提单、清关材料等货运过程中所需的文件，所有更改都会产生新的区块，实时分发给所有参与者，并根据权限设置向不同参与方开放数据。在这一机制中，所有更改均被记录并分发，保证了可追溯性；跨参与方的运作流程都被固化在账本中，保证了商业逻辑不可篡改；结构化数据替代传统纸质文件操作，提高了效率；同时统一平台也省去了货主与物流服务商建立传统点对点式

IT（互联网技术）系统对接时产生的资金与时间成本。

依托马士基在集装箱物流领域占全球 1/7 份额的巨大业务体量，TradeLens 致力于为货主和其他交易方、监管机构提升效率与节约服务成本；这已不仅仅是一个企业层面的数字化转型，通过将自身行业地位与现有优势与数字化结合的方式，马士基有望通过 TradeLens 推动全球航运生态的数字化转型，引领行业标准的进一步统一，逐步让 TradeLens 这个全球贸易数字化平台成为未来全球集装箱物流界的"水电煤"，为生态体系中的所有交易方带来便利；更进一步，TradeLens 还将助力马士基成为一站式全球综合物流服务商，推动马士基成为一个行业的发展上限。

除了 IBM，马士基还选择微软作为其云合作伙伴，实现数字化运营转型，更好地帮助其进行业务决策，创造最佳业绩。马士基利用从改进数据流获取的深层洞察力来实现运营转型。例如，借助数字分析及预测，公司提前制订计划，每年可减少接近 400 万次在集装箱船上执行的修理操作。

更深层的洞察力还促进了创新型产品和服务的发展，从而产生了新的收入。例如，马士基的全球物流子公司——丹马士帮助其客户追踪产品运输全过程，一旦某环节出现问题，例如恶劣的天气、集装箱船舶失事以及铁路罢工，丹马士能迅速做出反应，并且在遇到麻烦时仍然能够保证货物的顺利运输。

借助数据的强大力量，马士基每年节省了上千万美元，同时建立了一个应用程序和数字产品市场，帮助其客户进行业务决策。马士基首席数字官易卜拉欣·冈肯指出："我们的船舶、集装箱和其他资产将实时生成数以 TB 计的运营和活动数据，机器和人产生交互，掌握有关运营和客户的信息，其强大的功能甚至到现在依然是难以想象的——而且它们将作为产品提供下载。"

马士基对成为全球数字物流集成商的抱负并不讳言。为了进行数字化转型，打造更好的数字生态和运营生态，这家集装箱运输巨头一直忙于投资创业公司，包括数字货运、区块链、数据管理和货运经纪公司，还以马士基航运公司品牌整合了丹马士的供应链产品及其在各个区域的航运公司。

现在，正如马士基所描述的那样，该公司"持续专注于简化客户日益复杂的供应链数字技术"，重点已转向其全球仓储和分销服务，杰迪软件集团公司的仓储管理解决方案的部署将推动这些业务的发展。

马士基表示，杰迪云解决方案的加入，将通过提高效率、降低库存成本，扩大其交付服务的范围并提高其灵活性，使其不再局限于现有的"战略定位"仓库。

马士基将于 2021 年第四季度在瑞典哥德堡、美国纽瓦克和美国圣菲率先部署杰迪仓库。这些站点将用于构建一个模板，以便在全球各地的马士基仓库中进行部署。

如今，马士基的仓储与配送服务都发生在具有战略地位的仓库中，通过一系列物流解决方案，为客户提供具有优势的端到端营运网络及更为灵活的服务，并为客户提供最新的流程及系统以助其实现最具成本效益的配送网络。

使用杰迪基于云技术制定的解决方案，将进一步扩大马士基物流营运服务的范围和灵活性。杰迪先进的仓库管理系统将帮助马士基的客户改善仓储流程、提升效率，同时降低库存成本。这将帮助马士基的客户在优化交货时间与效益最大化之间取得平衡。

马士基相信，即使在与多个供应商和承运人打交道时，其对数字解决方案的投资也将有助于将货物运送到正确的位置，例如，通过"协调多个承运人的时间表以适应实际的干扰，例如恶劣天气"，并简化了不同参与者和站点之间的复杂交易。

"数字"不再只是个流行词。"如今，就简化和更好的性能而言，它正在为我们的物流和仓库客户释放巨大的价值。"马士基全球仓储和分销主管亨宁·戈德曼说。

他说，杰迪的专业知识和创新解决方案为马士基创造了竞争优势。"将这些令人振奋的解决方案添加到我们的产品组合中，将有助于马士基继续为客户提供真正独特的端到端解决方案。"

如何在正确的时间将库存信息传送到正确的位置通常取决于多个供应商和航运公司之间的网络信息连接，而数字化解决方案可以在整个供应链中实现可视性，使"准时"更加可见。

案例：华为的数字化转型方法论 [1]

> 在不确定时代，需求与技术共同创造数字化转型的确定性价值。
>
> ——华为官网

开展数字化转型业务已成为各行各业的共识，绝大部分组织，包括公司企业、公共事业单位、政府机构等已经启动了数字化转型进程。但伴随着数字化转型的深入发展，其深层问题也逐步显现，例如缺少整体战略和路线图、高层没有对数字化转型达成共识、业务价值体现不足、数字化转型责权不清晰等。

华为认为：所谓数字化转型，即通过新一代数字技术的深入运用，构建一个全感知、全链接、全场景、全智能的数字世界，进而优化再造物理世界的业务，对传统管理模式、业务模式、商业模式进行创新和重塑，最终实现业务成功。以下我们就依据《华为行业数字化转型方法论白皮书（2019）》以及相关资料，介绍一下华为的数字化战略与方法。

在早期，华为的客户大多是全球排名前50的运营商，低频高价值的交易流占主导，IT系统的交易压力并不大。到了

---

① 《华为行业数字化转型方法论白皮书（2019）》，及有关网络资料。

2016年，华为的业务形态发生了非常大的变化，业务范围从运营商业务走向了企业业务。这对华为原有IT体系的冲击非常大。因此，华为走上了数字化变革的道路。

随着企业的不断发展，华为的作战模式也发生了非常大的变化，原来的决策从一线销售到后端研发的响应，要经过很多部门。现在华为将指挥权前移，将精干的力量集中到前端。另外通过数据驱动，华为将一切数据业务化，一切业务数据化。通过数据来驱动整个集团的运营，实现从资金流、信息流和物流可视化来支撑决策。

华为在推进数字化转型的时候面临着非常大的挑战。一个是服务对象非常复杂，如何实现对供应商、渠道合作伙伴、企业客户、消费者、员工等五类用户需求的及时响应。另一个就是全球化，华为的业务延伸到了全球190多个国家，如何调动全球十几万员工的协同作战，是一个很大的难题。此外，华为的应用系统复杂，包含了1 000多个应用以及全球多个数据中心，如何对其进行整合也是一个非常大的挑战。

华为于2016年正式启动集团的数字化转型战略，目标就是"自己的降落伞自己先跳"。华为想要赋能整个行业的数字化转型，首先要把华为自己的数字化转型做成整个行业的标杆。因此，华为将数字化转型定义为整个集团重要的战略变革。

在2020年10月召开的数据战略驱动"数智化"创新暨华北大企业数字化峰会上，华为云咨询中国区总经理彭柯分享了

《华为数字化转型之道》，他表示华为的数字化转型从企业的业务需求出发，对于华为内部来讲，充分提升了运营效率；对外部来说，有效提升了用户体验。通过转意识、转组织、转文化、转方法、转模式，利用"业务＋IT"的双轮驱动，华为构建了一套立而不破的 IT 系统。

在大量的行业数字化转型实践中，华为摸索、积累出了一套应用数字化技术实现业务成功的战略框架与战术工具集，对业务可持续创新发展的最佳实践进行了总结，提炼了其中具有通用性和普适性的关键点与要素，形成了一套简单、可操作的方法，总结起来就叫"1234 方法"。

- 坚持 1 个整体战略：将数字化转型定位为组织整体战略，进行全局谋划。
- 创造 2 个保障条件：通过组织机制转型激发组织活力，通过文化转型创造转型氛围。
- 贯彻 3 个核心原则：将核心原则贯穿到转型全过程，保证转型始终在正确的轨道上。
- 推进 4 个关键行动：通过 4 个关键行动控制转型的关键过程。

我们希望华为的这套行动纲领能对相关企业数字化转型起到参考、指引作用，帮助各组织结合自身行业特点，在前瞻性的战略规划牵引下，走出一条动态演进的可持续发展道路，进而实现在数字化时代的自我进化（见图 8.4）。

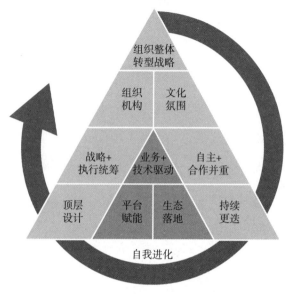

图 8.4　数字化转型行动纲领

1. 坚持 1 个整体战略

数字化战略是指筹划和指导数字化转型方略，在高层次上面向未来，在方向性和全局性的重大决策问题上选择做什么、不做什么。数字化转型是整个组织层级的战略，是组织总体战略的重要组成部分。以战略为指引开展数字化转型，将大大提高转型成功的概率。数字化转型战略主要包括：

- 数字化转型的愿景和使命。

- 数字化转型的定位和目标。

- 新商业模式、新业务模式和新管理模式。

- 数字化转型的战略举措。

2. 创造 2 个保障条件：组织机制 + 文化氛围

（1）组织机制保障

数字化转型需要强有力的组织来支撑，需要明确转型的责任主体，制定合理的组织业务目标，配套考核和激励机制，优化组织间的协作流程。在适合的条件下还应成立专门的数字化转型团队，协调业务和技术部门，建立数字世界与物理世界间的协同运作机制，统筹推进数字化转型落地。

（2）创造文化氛围

组织文化是数字化转型成功与否的关键要素，要不断培养转型文化理念，激发个体活力，为员工营造好的转型环境，形成数字化转型的动力源泉。在组织内部培育数字文化、变革文化和创新文化，支撑组织的数字化转型。

- 数字文化：积极拥抱数字化，通过数据来改变传统的管理思路和模式，习惯用数据说话、用数据决策、用数据管理、用数据创新。

- 变革文化：勇于探索、拥抱变化、自我颠覆、持续变革。

- 创新文化：崇尚创新、宽容失败、支持冒险，在数字化转型过程中更加积极和主动。

3. 贯彻 3 个核心原则

数字化转型应遵循以下三个核心原则，并将这三个原则贯穿到转型全过程，保证转型始终在正确的轨道上。

（1）战略与执行统筹

在数字化转型过程中，战略与执行并重。

战略强调自上而下，重视顶层设计，从组织战略逐层解码，找到行动的目标和路径，指导具体的执行。

执行强调自下而上，在大致正确的方向指引下积极进行基层探索和创新，将新技术和具体业务场景结合起来找到价值兑现点。从成功的基层创新中归纳和总结经验，反过来影响和修订上层的战略和解码。

战略与执行统筹，处理好远期与近期、总体与局部、宏观与微观等各方面的关系。

（2）业务与技术双轮驱动

数字化转型的驱动力来自业务和技术两个方面。

数字化转型实际上是业务的转型升级，要从业务视角主动思考转型的目标和路径，将转型落实到具体的业务运作中。可以借鉴外部的实践经验，找到技术对业务变化的支撑点。

新技术是业务提升的巨大推动力，企业应该在新技术的探索上进行适度的超前投入，通过持续的探索和学习，将新技术的威力变为实际的业务价值，推动业务持续转变。

（3）自主与合作并重

转型成功的关键在于组织自身，组织要实现自我驱动，识别和聚焦核心能力，自我提升要实现核心能力内化。对于非核心能力，应以开放的心态充分利用外部力量，快速补齐能力短板，构建互利共赢的生态体系，以促进自身发展。

4. 推进 4 个关键行动

（1）顶层设计

数字化转型的顶层设计就是制定转型的总体框架与发展目标，是全局有效协同的必要基础。顶层设计可以明确长期目标，实现战略解码，在组织内统一思想、统一目标、统一语言、统一行动，解决数字化转型的整体性、协作性和可持续性问题。

数字化转型的顶层设计从过程上看，主要包括价值发现、蓝图制定和路径规划三大阶段。

- 价值发现：快速实现业务价值是数字化转型顶层设计的难点。价值发现通过综合评估企业现状、分析业务需求、对标业界实践等，发现转型的业务价值，找准转型突破口，其主要工作包括现状与问题调研、业务需求理解、业界最佳实践对标、技术发展趋势分析，以及转型价值发现等。

- 蓝图制定：蓝图制定为数字化转型制定总目标，指引转型的总方向，使转型成为全局性共识。其主要工作包括愿景描绘、转型目标设定、转型蓝图制定、转型架构设计、技术路线选择、制定转型举措，以及组织与文化变革等。其中，制定转型蓝图是这一阶段的核心工作：一方面要保证转型目标的有效落地，具备可实施性；另一方面还要保证转型在未来的可演进、可持续发展。因此，良好的组织架构设计是其中的关键点。

- 路径规划：路径规划的主要任务是识别转型约束条件与资源需求，制定切实可行的实施规划，确保目标达成。其主要工作过程包括约束条件分析、资源需求分析、实施路径规划，以及实施任务分解等。

（2）平台赋能

数字化时代下，外部环境的快速变化与组织内在的稳健经营要求形成了强烈矛盾，带来了巨大挑战。反映在组织的数字化转型上，业务需求快速多变，新技术层出不穷，而数字化系统需要稳定扩展与平滑演进，频繁的颠覆重构不仅会造成重复的建设投资，更将带来业务经营与组织运营方面的额外风险。

组织需要不断强化，以提升自身的数字化能力来应对这种挑战，其中包括：

- 业务与技术深入结合能力：将业务经营、组织运营的新功能与新需求不断在技术系统中落地实现并反哺业务，包括产品/服务数字化、精准营销、全要素在线和实时决策支持等。
- 数据智能和价值再造能力：面向全量数据和数据全生命周期的治理和价值挖掘能力，包括外部数据融合、分析、建模、治理和数据安全等。
- 技术管理和技术融合能力：对组织纳入的数字技术进行高效管理的能力，包括弹性基础设施、组件解耦服务化、服务运营管理、新技术纳入、API（应用程序接口）管理、技术安全，以及开发运营等。

因此，组织需要构建一个支撑数字化转型的平台，其特征具体表现为：

- 第一，应用场景化：根据不同的业务场景提供个性化的应用功能，满足不同角色对象在组织经营／运营活动中随时随地接入使用数字化系统的需要，丰富业务场景，提升用户体验。
- 第二，能力服务化：业务能力共性提取，形成数字化服务接口；业务流程灵活编排，支持业务敏捷与创新。
- 第三，数据融合化：全量数据采集汇聚、全域数据融合、全维数据智能分析，洞察业务内在规律，提供决策支持。
- 第四，技术组件化：以组件化框架承载，按需引入大数据、物联网、视频智能分析和 AR/VR（增强现实／虚拟现实）等新技术，使技术架构易扩展、技术元素易集成、技术能力易调用。
- 第五，资源共享化：智能终端、网络连接和计算／存储资源的云化，使其能共享复用，实现资源的弹性、高效管理。

在平台化的数字化系统上，可实现应用模型有效沉淀、数据资产逐步积累、技术架构平滑演进，由此，组织的数字化能力将迅速得到提升（见图8.5）。

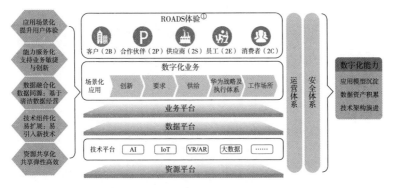

图8.5　平台化系统参考架构及其特点与价值

（3）生态落地

数字化时代，基于上下游"服务提供、服务采购"的简单合作模式正在逐渐失效，从"链式串接"向"网状互联"的合作方式演化已成为行业共识。在数字化系统建设上，组织自主完成全部的系统建设越来越不可行，以生态方式构建数字化系统，可以吸引多类型厂商协同联动、优势互补。

在平台化架构下，基于数字化系统建设所需的能力分层和角色分工，组织能够低成本、高效率地发现合作资源、建立合作关系、推动合作落地、保持合作发展，实现关键技术自主，

---

① ROADS体验，即实时（Real-time）、按需（On-demand）、全在线（All-online）、服务自助（DIY）和社交化（Social）。

补齐能力短板，服务良性竞争，构建起良性生态体系，为数字化系统的长期、持续和健康发展提供保障。

数字化系统建设所需的生态合作资源通常包括：咨询设计服务、应用服务、技术平台服务、系统集成服务、运营安全服务和投融资服务等。

（4）持续迭代

数字时代下，业务变化快，技术更新快，各行各业需要迅速地迭代。但是迭代不代表全盘颠覆，数字化转型的能力需要不断积累和传承，信息化建设要支撑物理世界业务的可持续发展。因此，数字化建设的迭代应该是分层的，不同的层次以不同的周期进行迭代和演进。

- 功能级的"短周期"迭代：业务需求快速变化，ICT（信息通信技术）发展快速变化，新技术和业务的结合快速变化，这些都需要迅速地迭代。通过短周期迭代，使转型紧贴业务价值得以实现，并降低转型风险。

- 平台能力级的"中周期"迭代：平台承载了转型的能力，例如快速引入新技术，以高效的服务应对业务的迅速变化，以及大数据快速建模等，因此架构和平台都需要相对稳定，而非被快速颠覆；而且还要将短周期迭代中的成功经验不断沉淀到平台之中，因为在失败的短周期迭代中往往也会有闪光点，不能错失每一个有价值的积累。平台能力级的"中周期"迭代有助于将转型能力持续做厚。

- 规划设计级的"长周期"迭代：在规划设计的指引下，在多次的业务功能和平台能力迭代之后，数字化转型逐步逼近战略目标。在阶段性目标基本达成的时候，需要进行方向性的审视并做出调整。但战略目标的调整应该是相对"长周期"的，规划设计过快的变化不利于转型的资源投入和行动的持续有效。

通过三个层次的持续迭代，组织的数字化转型将不断完善，数字化能力将不断提升。

第九章

全球经济的未来以及中国经济的可持续发展

21 世纪以来，包括中国在内的世界各国，数字经济均出现了快速发展，而且这一趋势还远远没有结束。数字经济的繁荣，带来了大量无限供给的要素、无限供给的产品。全球经济已经进入无限供给要素和有限供给要素相交织，无限供给产品和有限供给产品相生相克的新二元经济时代。

刘易斯描述的传统二元经济只存在于工业化早期阶段的发展中国家，而当前的新二元经济则是一个全球现象，存在于几乎所有的经济体。无论是发达国家还是发展中国家，都处在新一轮技术革命的浪潮中，都在不同程度享受着数字技术和无限供给带来的发展红利。

无限供给经济的快速发展和繁荣，不仅带来了人类生产方式和生活方式的革命，也给传统经济理论、经济发展理论带来了巨大挑战。传统有限供给产品产量的生产函数难以描述无限供给品的产值，传统的经济增长模型也不再能解释新二元经济的增长规律。

根据目前流行的主流经济学理论，传统有限供给产品的产量，推而广之即一个国家的经济规模，是由技术水平和投入规模决定的——有多少面粉决定能产多少面包。以数字产品为代表的无限供给产品则完全不同，一串字符和代码能演化成任意数量的终端产品（软件、游戏、数字音乐等）来满足所有消费者。因此，在无限供给经济里，市场规模或者说消费者数量，就是"生产力"，成了决定无限供给产品产值的核心因素。正因如此，我们需要利用不同的生产函数来分别描述有限供给传统经济部门和无限供给新经济部门的产值，需要构建一个全新的理论框架来描述新二元经济的发展和增长。本书在这方面进行了初步尝试，以求抛砖引玉。

市场规模在无限供给新经济部门的特殊重要性能够在一定程度上解释美国、中国、印度等人口大国，与各自人均收入水平相当的国家相比，数字经济发展水平领先很多的原因。美国不仅有巨大的国内市场，而且凭借超级大国的影响力，美国数字经济企业在向国外输出产品和服务方面，也有着独一无二的优势，这些对美国数字经济、无限供给经济的繁荣起到了锦上添花的作用。依据此理论，同样投入生产的无限供给产品，在一个庞大经济体中形成的产值要比在一个小的经济体高很多。这意味着，如果全球数字经济不能完全打通，数字经济发展将更有利于强化大国的经济地位。大小国家之间也会出现数字鸿沟。

由于市场规模是无限供给经济的"生产力",为了保护本国(本地)市场,贸易保护主义很有可能会进一步抬头。加之无限供给经济中的核心要素——数据本身具有安全方面的关切,使得数据和数字产品的跨境贸易变得更加复杂和敏感。部分具有科技实力的经济体,比如欧盟,可能会强化其保护主义措施,设置更多数字贸易壁垒(主要是非关税壁垒),来抵御跨国巨头的垄断,以保护地区市场,维护地区"数字主权"。在无限供给经济,特别是数字经济蓬勃发展的新时代,如何构建安全畅通、公平共享、繁荣和谐的全球经济新秩序,将是一个重大的国际经济、政治话题,需要国际社会的共同努力与合作。

无限供给经济的快速发展必将对各国产业结构产生重大而深远的影响,世界的产业格局也会因此发生巨变。无限供给经济对各国经济的贡献日益强大,无限供给产品以及在生产过程中大量使用无限供给要素的有限供给产品在各国 GDP 中的占比越来越高。在这个过程中,大量的人力、资本将由有限供给传统经济部门转向无限供给新经济部门,如果把在传统有限供给经济领域从事无限供给要素生产和所创造的人力资本也计算在内,未来大多数劳动力的就业可能与无限供给经济有关。

科技与无限供给经济快速发展,也会对未来社会结构产生重要影响。数字技术、人工智能、机器人等新技术的广泛使用，对提升经济效率，促进各国经济发展具有重要意义，甚至在环保方面也能起到积极作用。但与此同时，大量传统工作岗位将被新技术所取代，普通劳动力，尤其是低技能劳动力的就业空间将不断被压缩；人类在经济活动中更重要的使命从贡献劳动力变成贡献创造和创意，创新、创造能力强的社会群体在新经济时代，在工作机会、财富创造能力方面与低端劳动力的差距会进一步扩大。换句话说，数字化和新技术可能带来更大的就业压力以及贫富差距。这些新趋势值得各国政府高度重视。除进一步加大教育培训力度外，可能还需要配套一系列有关社会福利制度和就业制度的改革。

传统二元经济是一个阶段性现象，当农业剩余劳动人口被城市工业部门充分吸纳，传统二元经济也就走向终结，经济增长速度会因此而放缓。新二元经济将是一个长期的存在，在未来经济发展过程中，经济无限供给成分将不断增加，但有限供给经济依旧长久存在。有限供给经济出于自身生产和经营效率的需要，将不断与无限供给经济相互融合。对于中国传统企业而言，吸收新技术、提升数字化水平，是大势所趋。

后记与致谢

　　一鼓作气是我的工作习惯。继 2019 年《无限供给：数字时代的新经济》一书出版，经过一年多的努力，其姊妹篇《新二元经济：新经济繁荣与传统经济再造》顺利写完，内心略感欣慰。同时，我亦深感惶恐，唯望该书的出版对社会各界理解新时代的新经济有所启发和帮助，望本书能获得读者的认可和喜爱。

　　我们正处在一个大创新、大变革的时代。创新是新时代中国经济发展的第一推动力，是中国经济实现可持续、高质量发展的灵魂所系，也是一股世界潮流。经济要创新，技术要创新，产品要创新，制度要创新，学术同样需要创新。新的经济呼唤新的理论，呼唤更多的经济理论创新。无论是从微观层面还是宏观层面，新经济都有太多新的问题需要构建新的理论加以分析和解释。本书在无限供给新思想的基础上，创新性地提出了新二元经济理论，并尝试以这一新理论、新视角，对新时代经济发展、经济规律进行更加深入的剖析和解读。

由于时间仓促，书中对许多问题的思考也许并不周全，有些表述和模型也还不够严谨。书中提到的许多问题、理念，还有待更多同道中人一起去做深入的研究和探讨。书中错漏之处，更是在所难免，恳请各位读者朋友和专家学者不吝指教。

在书稿交付出版之际，感谢长江商学院、长江商学院研究所对我的研究提供的慷慨支持；感谢诸多朋友给予的灵感和帮助；感谢中信出版社相关领导，特别是寇艺明主编的建议和指正；感谢我的家人在本书写作过程中对我的关心照顾。

此外，我还要特别感谢北京大学冯科教授、国家统计局刘晓雪博士、恒丰银行李达博士，以及长江商学院的同事王一江教授、闫爱民教授、欧阳辉教授、曹辉宁教授、张罡教授在各方面提供的支持、鼓励和帮助。北京大学经济学博士后何理先生，北京大学经济学院博士研究生刘丹女士、王昊宇先生对本书写作提供了大量帮助。刘丹女士更是为完善本书的理论模型做了许多辛苦工作，并参与撰写了有关古典经济增长理论的部分内容。本人在此对他们专业、认真的付出表示由衷的感谢。

本书在写作过程中参考了许多网上的公开资料，引用了部分他人的成果和案例。在此向所有资料作者和提供者表示衷心的感谢。在引用标注方面如有错误和疏漏之处，还望大家海涵。

周春生

2021 年 8 月于北京长江商学院

参考文献

1. 国家统计局.战略性新兴产业分类（2018）［M］.北京：
   2018.

2. 彼得·F.德鲁克.管理的实践［M］.齐若兰，译.北京：
   机械工业出版社，2018.

3. 蔡昉.刘易斯转折点——中国经济发展新阶段［M］.北京：
   社会科学文献出版社，2018.

4. 蔡昉.二元经济作为一个发展阶段的形成过程［J］.经济研
   究，2015，50（07）：4-15.

5. 蔡昉.农业劳动力转移潜力耗尽了吗［J］.中国农村经济，
   2018（9）：2-13.

6. 蔡昉.中国就业增长与结构变化［J］.社会科学管理与评
   论，2007（02）：30-43.

7. 曹景林.无形资产统计［M］.上海：复旦大学出版社，
   2006.

8. 查尔斯·汉迪.第二曲线：跨越"S型曲线"的第二次增

长［M］.苗青，译.北京：机械工业出版社，2017.

9. 戴维·罗默.高级宏观经济学［M］.4版，吴化斌，龚关，译.上海：上海财经大学出版社，2014.

10. 费景汉，古斯塔夫·拉尼斯.增长和发展：演进观点［M］.洪银兴，等，译.北京：商务印书馆，2004.

11. 国家统计局住户调查办公室.中国住户调查年鉴（2019）［M］.北京：中国统计出版社，2019.

12. 国家统计局.我国第三产业规模扩大结构优化——第四次全国经济普查系列报告之二［R］.北京：2019.

13. 国家网信办.数字中国建设发展报告（2018年）［R］.北京：2019.

14. 国家信息中心信息化和产业发展部、京东数字科技研究院.携手跨越重塑增长——中国产业数字化报告2020［R］.北京：2020.

15. 贺晓青，许健，刘晓明，陈世耀.6家欧美企业告诉你：如何避开数字化转型陷阱［N/OL］.腾讯财经，2019. https://new.qq.com/rain/a/20201121A07MF80.

16. 胡志坚.科技创新让中国成为全球第二知识产出大国［N］.光明日报，2019-09-14（04）.

17. 华为公司.2019华为数字化转型方法论白皮书［J/OL］.华为官网，2019. https://e-campaign.huawei.com/minisite/dong-hang/?utm_campaign=01CHNHQ215507N%2520&utm_me-

dium=pm-display&utm_source=baidu&source=ssgjcpp&utm_
object=dqbmkt&utm_content=dh.

18. 黄志凌 . 探寻中国经济结构变化趋势与投资机遇［J］. 武汉
金融，2019（07）：4-10.

19. 李海舰，蔡跃洲，等 . 数字经济蓝皮书：中国数字经济前
沿（2021）［M］. 北京：社会科学文献出版社，2021.

20. 李平，王宏伟，张静 . 改革开放 40 年中国科技体制改革和
全要素生产率［J/OL］. 搜狐 .2018. https://www.sohu.com/a/
278717477_673573.

21. 李善友 . 第二曲线创新［M］. 北京：人民邮电出版社，2019.

22. 刘伟，范欣 . 现代经济增长理论的内在逻辑与实践路径
［J］. 北京大学学报（哲学社会科学版），2019，56（03）：
35-53.

23. 刘秀春 . 智力资本理论研究综述［J］. 长江丛刊，2018
（02）：127.

24. 威廉·阿瑟·刘易斯 . 二元经济论［M］. 施炜，等，译 . 北
京：北京经济学院出版社，1989.

25. 德内拉·梅多斯 . 增长的极限［M］. 李涛，等，译 . 北京：
机械工业出版社，2013.

26. 数邦客 . 欧洲数字经济的成功之道［J/OL］. 搜狐 . 2020.
https://www.sohu.com/a/369970887_468714.

27. 数邦客 . 全球数字经济现状及中国优势与机遇［J/OL］. 搜

狐 . 2020.https://www.sohu.com/a/398853688_468714.

28. 汤希，任志江 ."民工荒"与我国"刘易斯拐点"问题［J］.
西北农林科技大学学报，2018，18（02）：101-107.

29. 王滢波 . 数字经济蓝皮书：全球数字经济竞争力发展报告
（2019）［M］. 北京：社会科学文献出版社，2019.

30. 威廉·配第 . 赋税论（全译本）［M］. 薛东阳，译 . 武汉：
武汉大学出版社，2011.

31. 维克托·迈尔 - 舍恩伯格，肯尼思·库克耶 . 大数据时代：
生活、工作与思维的大变革［M］. 周涛，译 . 杭州：浙江人
民出版社，2013.

32. 徐翔，赵墨非 . 数据资本与经济增长路径［J］. 经济研究，
2020，55（10）：38-54.

33. 许召元 ."刘易斯转折点"的学术论争及劳动力转移新特
征［J］. 改革，2014（12）：12-21.

34. 亚当·斯密 . 国富论·上卷［M］. 杨敬年，译 . 西安：陕
西人民出版社，2001.

35. 亚当·斯密 . 国富论·下卷［M］. 杨敬年，译 . 西安：陕
西人民出版社，2001.

36. 晏智杰 . 西方经济学说史教程［M］. 2 版 . 北京：北京大
学出版社，2013.

37. 杨仁发 . 推进数字经济新发展面临的主要问题及对策［J］.
国家治理，2021（18）：17-20.

38. 约翰·霍金斯. 创意经济：如何点石成金［M］. 洪庆福，孙薇薇，刘茂玲，译. 上海：上海三联书店，2006.

39. 张军，陈诗一，Gary H. Jefferson. 结构改革与中国工业增长［J］. 中国经济学，2009（00）：205-240.

40. 郑雪平. 欧盟数字经济发展政策取向及成效［N］. 中国社会科学报，2021-4-12（007）.

41. 智研咨询. 全球数字贸易行业发展现状、发展中面临问题及应对策略分析［EB/OL］. 中国产业信息网，2021. https://www.chyxx.com/industry/202101/923989.html.

42. 中共中央国务院. 关于构建更加完善的要素市场化配置体制机制的意见［J］. 中华人民共和国国务院公报，2020（11）：5-8.

43. 中共中央国务院. 关于坚持和完善中国特色社会主义制度推进国家治理体系和治理能力现代化若干重大问题的决定［J］. 中国民政，2019（21）：6-16.

44. 中国工程科技发展战略研究院. 2019中国战略性新兴产业发展报告［R］. 北京：2019.

45. 中国农业科学院农业经济与发展研究所. 中国农业产业发展报告2020［R］. 北京：2020.

46. 中国信息通信研究院. 数据价值化与数据要素市场发展报告（2021年）［R］. 北京：2021.

47. 赛迪. 前瞻产业研究院. 2018年工业大数据行业市场现状

与竞争格局分析.［EB/OL］.控制工程网，2019. http://i4. cechina.cn/19/1121/09/20191121091618.htm.

48. 中国信息通信研究院.数字化转型专家谈 | 中国信通院栗蔚：企业如何数字化转型.［Z/OL］.中国信通院公众号，2021. https://mp. weixin.qq.com/s/QxjURVc0LXIEXILOqLm6sQ.

49. 中国信息通信研究院.全球数字经济新图景（2020年）——大变局下的可持续发展新动能.［J/OL］.搜狐.2020.https://www.sohu.com/a/428245390_120865681.

50. 中国信息通信研究院.全球数字治理白皮书（2020年）.［J/OL］.搜狐.2020.https://www.sohu.com/a/489492697_121124363.

51. 中国信息通信研究院.中国数字经济发展白皮书（2021）［R］.北京：2021.4.

52. 中华人民共和国国家互联网信息办公室.数字中国建设发展报告（2018年）［R］.北京：2019.5.

53. 中央财经大学人力资本与劳动经济研究中心.中国人力资本报告（2020）［R］.北京：2020.

54. 周春生，扈秀海.无限供给：数字时代的新经济［M］.北京：中信出版社，2020.

55. 卓贤，黄金.中国的制造业岗位都去哪了？［J］.财经，2019.5.

56. 肖利华，田野，等.数智驱动新增长［M］.北京：电子工业出版社，2021.

57. Aghion P，Howitt P. A model of growth through creative destruction［J］. Econometrica，1992，60（2）：323–351.

58. Ahmad，N and P Schreyer，"Measuring GDP in a digitalized economy"，OECD，working paper，April. 2016.

59. Arrow K J. The Economic Implication of Learning by Doing ［J］. Review of Economic Studies，1962，29：155–173.

60. Christensen C M. The Innovator's Dilemma：When New Technologies Cause Great Firms to Fail［M］. Boston：Harvard Business School Press，1997.

61. Drucker D F. The Practice of Management［M］. New York：Harper Business，2006.

62. Hulten，C R，"Measuring the economy of the 21st century"，NBER Reporter，2015：1–7.

63. Hulten，C R and L Nakamura，"Accounting for growth in the age of the internet：The importance of output-saving technical change"，National Bureau of Economic Research，Working Paper 23315.2017.

64. Jorgenson，D. W.，Surplus Agricultural Labour and the Development of a Dual Economy，Oxford Economic Papers，Vol 19，No. 3，pp. 288–312.1967.

65. Judd K L. On the Performance of Patents［J］. Econometrica，

vol. 53, no. 3, 1985, pp. 567-585.

66. Lewis, W.A., "Economic Development with Unlimited Supplies of Labor", Manchester School, 1954, 22, 139-191.

67. Lucas R E Jr. On the Mechanism of Economic Development [J]. Journal of Monetary Economics, 1988, 22 : 3-22.

68. Marx Karl, Engels Friederich. The Communist Manifesto [M]. Yale University Press : 2012-05-29.

69. Meadows D H, Randers J, Meadows D L, Behrens W W. The Limits to Growth [M]. New York : Universe Books, 1972.

70. OECD. OECD Digital Economy Outlook 2020, OECD Publishing, Paris, https://doi.org/10.1787/bb167041-en.

71. Romer P M. Endogenous Technological Change [J]. Journal of Political Economy, 1990, 98 : s71-s102.

72. Romer P M. Are Nonconvexities Important for Understanding Growth [J]. American Economic Review, 1990, 80 : 97-103.

73. Romer P M. Increasing Return and Long-Run Growth [J]. Journal of Political Economy, 1986, 94 : 1002-1037.

74. Schumpeter J A. The Theory of Economic Development [M]. Cambridge, MA : Harvard University Press, 1934.

75. Solow R M. A Contribution to the Theory of Economic Growth [J]. Quarterly Journal of Economics, 1956, 70 (1):

65-94.

76. Stewart T A. Intelligent Capital : The New Wealth of Organizations [M]. London : Nicholas Brealey, 1997.

77. Stewart T A. Intellectual Capital [M]. New York : Crown Business, 1998.

78. Stewart T A. Brainpower - how intellectual capital is becoming America's most valuable asset [J]. Fortune, June 3, 1991.

79. Swan T W. Economic Growth and Capital Accumulation [J]. Economic Record, 1956, 32 (2): 334-361.

80. United Nations, Digital Economy Report 2019-Value Creation and Capture : Implications for Developing Countries, United Nations, 2019.

81. Uzawa H.Optimal Technical Change in an Aggregative Model of Economic Growth [J]. Review of International Economics, 1965, 6 : 18-31.